Célibataire aujourd'hui

Catalogage avant publication
de la Bibliothèque nationale du Canada

Lamourère, Odile

Célibataire aujourd'hui

1. Amours. 2. Relations entre hommes et femmes.
3. Choix du conjoint. I. Titre.

HQ801.L348 2003 306.7 C2003-941126-5

DISTRIBUTEURS EXCLUSIFS:

- Pour le Canada
et les États-Unis:
MESSAGERIES ADP*
955, rue Amherst
Montréal, Québec
H2L 3K4
Tél.: (514) 523-1182
Télécopieur: (514) 939-0406
* Filiale de Sogides ltée

- Pour la France et les autres pays:
VIVENDI UNIVERSAL PUBLISHING SERVICES
Immeuble Paryseine, 3, Allée de la Seine
94854 Ivry Cedex
Tél.: 01 49 59 11 89/91
Télécopieur: 01 49 59 11 96
Commandes: Tél.: 02 38 32 71 00
Télécopieur: 02 38 32 71 28

- Pour la Suisse:
VIVENDI UNIVERSAL PUBLISHING SERVICES SUISSE
Case postale 69 - 1701 Fribourg - Suisse
Tél.: (41-26) 460-80-60
Télécopieur: (41-26) 460-80-68
Internet: www.havas.ch
Email: office@havas.ch
DISTRIBUTION: OLF SA
Z.I. 3, Corminbœuf
Case postale 1061
CH-1701 FRIBOURG
Commandes: Tél.: (41-26) 467-53-33
Télécopieur: (41-26) 467-54-66
Email: commande@ofl.ch

- Pour la Belgique et le Luxembourg:
VIVENDI UNIVERSAL PUBLISHING SERVICES BENELUX
Boulevard de l'Europe 117
B-1301 Wavre
Tél.: (010) 42-03-20
Télécopieur: (010) 41-20-24
http://www.vups.be
Email: info@vups.be

Pour en savoir davantage sur nos publications,
visitez notre site: **www.edhomme.com**
Autres sites à visiter: www.edjour.com • www.edtypo.com
www.edvlb.com • www.edhexagone.com • www.edutilis.com

Dépôt légal: 3e trimestre 2003
Bibliothèque nationale du Québec

ISBN 2-7619-1861-4

Gouvernement du Québec – Programme de crédit d'impôt pour l'édition de livres – Gestion SODEC.

L'Éditeur bénéficie du soutien de la Société de développement des entreprises culturelles du Québec pour son programme d'édition.

Nous reconnaissons l'aide financière du gouvernement du Canada par l'entremise du Programme d'aide au développement de l'industrie de l'édition (PADIÉ) pour nos activités d'édition.

Odile Lamourère

Célibataire aujourd'hui

De la solitude à la relation amoureuse

LES ÉDITIONS DE L'HOMME

Tenter sans arme et sans armure
d'atteindre l'inaccessible étoile
JACQUES BREL

À ceux qui, au gré des tempêtes et des embellies,
ont jalonné ma route vers le savoir-aimer : mon père,
Pierre, Bernard, Michel, Georges, Alain, Claude et…
ma psychanalyste.

Introduction

Les femmes ont changé et les hommes leur emboîtent le pas. Cependant, l'amour existe toujours.

Au cours du XXe siècle, une révolution s'est opérée dans les rapports amoureux. Ainsi, la séparation et le divorce, plus acceptés socialement et vécus de façon plus adulte, permettent à des couples en souffrance de se séparer sans haine. Quant au mariage, il n'est plus – Dieu merci ! – un but en soi ou, pire, le seul choix de vie pour les jeunes filles. Et mes clients me parlent plus que jamais de l'amour.

Depuis les années 1980, les statistiques font état d'une nouvelle réalité dans l'organisation sociale : la multiplication des monoménages et des familles monoparentales. Dans les grandes villes, nous disent les chiffres, un appartement sur trois est occupé par un célibataire vivant seul ou par un parent vivant seul avec un ou plusieurs enfants.

La proportion des « solibataires » – ces femmes et ces hommes de tout âge qui vivent en solo avec ou sans enfants – par rapport aux couples semble être la même dans tous les pays industrialisés. Ce phénomène de société est propre au milieu urbain, mais il se manifeste également en milieu rural, où les hommes se plaignent de ne pas pouvoir trouver de compagne. Si on demande encore tout à l'amour, sauf l'entretien matériel à vie, et s'il y a toujours des romantiques et des chansons pour rêver, la plupart des célibataires sont devenus exigeants.

Les femmes ont découvert la vie en solo, souvent après un divorce et avec le recouvrement de la liberté qu'il implique.

Homme ou femme, on ne veut plus être aimé à n'importe quel prix, ce qui fait que, souvent, on traverse un entracte en solitaire avant de repartir à deux. Les solistes, quant à eux, ont compris que, si on peut vivre seul, on ne peut pour autant vivre isolé. Ils ne cherchent plus à construire ou à reconstruire un couple de toute urgence, mais ils se créent plutôt une vie sociale avant de chercher l'âme sœur. En troquant l'obsession d'être deux contre l'acquisition d'un savoir vivre seul, ils vont dans le sens de l'amour. Ce temps de solitude nécessaire permet de puiser à même ses propres ressources et d'aller vers l'autre en étant poussé non pas par le besoin, mais par le désir et la capacité d'aimer.

Ne rien demander en restant ouvert aux autres, savoir créer des réseaux conviviaux, inventer des moyens de faire des rencontres et trouver des lieux pour les favoriser, redécouvrir le sens de la fête, c'est créer son propre bonheur pour offrir ensuite sa joie de vivre au partenaire amoureux. Prenons le temps… C'est la condition la plus favorable pour réaliser une histoire d'amour adulte et solide.

Ne nous lamentons plus sur ce qui n'est pas, préparons-nous à vivre ce qui sera et retrouvons la force d'aimer.

Après 20 ans de counseling auprès des solibataires, je suis persuadée que le bien vivre seul préfigure des années d'amour vrai. On ne cherche plus de béquille à sa solitude mais, au gré des nombreuses occasions de faire une rencontre, on se laisse surprendre un jour par Cupidon… et on est prêt à l'accueillir.

Je vous propose de partir à la conquête de vos forces, d'aimer la vie qui se construit en vous, d'apprécier vos atouts et de regarder l'autre avec le désir de le voir heureux aussi. Devenons des solibataires sociables et le XXIe siècle sera celui de l'amour de soi, des autres et de l'autre…

PREMIÈRE PARTIE

Le célibat : état des lieux

Chapitre premier

Les mutations sociales et familiales

Le nombre de personnes vivant seules ne fait qu'augmenter depuis 50 ans.

On aurait pu attribuer ce changement à l'assouplissement de la loi sur le divorce et penser qu'il allait s'arrêter une fois les couples en discorde séparés. Mais il n'en est rien, car le divorce est entré dans les mœurs. Cette révolution dans le couple traditionnel est due à plusieurs facteurs. Elle contribue à augmenter chaque année le nombre de célibataires de 35 ans et plus.

Par ailleurs, le refus de l'engagement à long terme et le souci d'individualisme (opposé aux comportements de groupe, y compris le couple et la famille) comme facteur de réalisation de soi ont surgi après 1968. Il semble qu'on privilégie la qualité d'une relation plutôt que sa durée. Les femmes capables de s'assumer financièrement ne restent plus dépendantes d'un conjoint avec qui la relation est usée, stérile ou conflictuelle.

Les derniers chiffres recensent près de 10 millions de mono-ménages et de monoparents en France. L'augmentation annuelle est d'environ 3 %...

Dans les grandes villes d'à peu près tous les pays industrialisés, un appartement sur trois est habité par un solibataire. Pour trois mariages dans l'année, on compte un divorce déclaré. Même le concubinage est maintenant en régression.

Parmi les célibataires avec ou sans enfants, le nombre d'hommes concernés augmente deux fois plus vite que celui des femmes (depuis 1989). On compte 40 % d'augmentation de monoparents en 8 ans. Mais ne sont recensées ici que les familles comportant un père ou une mère vivant seule avec son ou ses enfants[1].

J'ai tenté de repérer sous l'angle psychosociologique les raisons de ce bouleversement caractéristique de la seconde moitié du XXe siècle. Il est bien certain, cependant, que d'autres que moi en ont tiré des conclusions plus élaborées sur les plans sociologique, économique et politique.

COUPLE ET LUCIDITÉ

La durée des études s'est allongée, pour les filles comme pour les garçons, prolongeant leur situation de dépendance, d'attente et d'immaturité. Ils souhaitent passer des vacances en commun et partager la vie quotidienne avant de décider de faire ou de ne pas faire route ensemble. La contraception permet d'éviter une parentalité précoce, néfaste tant pour l'enfant - pas vraiment désiré - que pour le couple, lancé trop tôt dans les responsabilités familiales. Une conjoncture socio-économique défavorable, des difficultés pour trouver un premier emploi et un chômage menaçant sont des préoccupations suffisamment prioritaires.

Refus d'un engagement précoce où se mêlent l'illusion d'un amour à peine naissant et l'incapacité d'assumer des fonctions institutionnelles, devenues sujettes à caution... Cela me semble positif. J'y vois deux bonnes raisons d'espérer : la recherche d'authenticité et la lucidité. Trop de mariages fusions, idéalisés dans le reflet du regard de l'autre, sombrent dans la confusion et une dramatique dépendance mutuelle. Ils débouchent sur une perte d'identité cruellement ressentie plusieurs années après, quand la maturité ne vous fait plus de cadeau. Ils se terminent souvent par un divorce apparenté à un jeu de massacre, où chacun reproche à l'autre de l'avoir enfermé dans le piège de ses propres illusions. Rien de tel qu'un mariage précipité et raté pour mener à un célibat

1. Ces données proviennent de l'analyse d'un recensement de l'Institut national de la statistique et des études économiques (INSEE).

où l'amertume risquera d'entraver de nouvelles relations. Avis aux adversaires de l'union libre!

Il est plus sincère de reconnaître sa difficulté à s'engager que de la découvrir plus tard et d'en payer le prix fort.

Le refus du mariage mensonge

J'ai personnellement quitté une vie de couple devenue invivable, car il n'en restait plus que le côté institutionnel et parce que je n'étais pas tentée par une vie parallèle. À l'approche de la quarantaine, j'avais conscience que ma vie était vide, mais pas terminée. D'autres s'accommodent d'une institution stérile et de relations amoureuses extraconjugales, tout en conservant une façade de bon père ou de bonne mère de famille, une image sociale honorable, une sécurité familiale réelle ou fantasmée. Ils préfèrent savoir qu'ils vont se faire la gueule tous les soirs plutôt que d'affronter l'inconnu d'une vie en solo... Il y a des «chez-nous» qui ne sont un chez-soi pour personne.

J'ai aussi découvert bien des choses en tant que célibataire sollicitée par des hommes mariés. L'épouse semble avoir pris la place de la mère, et pas seulement pour les enfants. L'époux volage retrouve la séduction dans l'autre femme: elle rassure une virilité remise en question par les nuits quotidiennes. Beaucoup d'autres que moi ont refusé de vivre ces doubles vies ou refusé que leur partenaire les vive, avec ce que cela comporte de culpabilité, de clandestinité, de confiance à jamais perdue.

Et qu'on n'invoque pas l'alibi de ces chers petits! Mon expérience des divorcés m'en a appris long là-dessus: les enfants ne sont jamais dupes. Ils traîneront toute leur vie durant le modèle de la relation sentimentale douteuse qu'ils auront observée chez leurs parents. Mieux vaut un divorce dans la paix qu'un mariage dans la guerre... même froide, où chacun s'use vainement en la pseudoprésence de l'autre.

Ce refus de la vie de couple sans communication ni confiance a fait augmenter le nombre de divorces et, donc, le nombre de célibataires du deuxième tour.

Les retombées du féminisme

L'accès à la vie professionnelle et la maîtrise de la fécondité ont profondément modifié l'attitude des femmes face au mariage et au divorce. Cette étape a eu du bon. Personnellement, elle m'a beaucoup aidée à franchir le pas hors du couple et à m'assumer en tant que femme seule. Toutefois, cette révolution a pris bien des hommes au dépourvu. Certains ne s'en sont pas encore remis. Il faut les entendre parler de leur malaise devant les nouvelles femmes, qu'ils ont plus souvent en face d'eux qu'à côté… La communication entre les deux sexes s'en ressent douloureusement.

Pour éviter bien des fuites devant l'implication affective et l'engagement dans une relation durable, il faut que les hommes comprennent que nous nous sommes battues pour nous - et non contre eux. Qu'ils réalisent qu'ils ont beaucoup à gagner à travers nos nouvelles richesses. Qu'ils sachent qu'ils nous sont toujours nécessaires et complémentaires !

L'autonomie, la maturité, l'apprentissage de la vie en solo nous rendent plus exigeantes quant à la qualité de nos rapports humains. Nous en avons le désir, et non plus seulement le besoin primaire. Mieux vaut vivre seul, en accord avec soi-même, que vivre avec autrui dans une relation médiocre. Est-ce vraiment négatif ? Je ne le crois pas, à condition que le célibat ne soit pas synonyme de lâcheté, de repli sur soi, de refus d'aller vers les autres.

Trouverons-nous bientôt un autre mode d'échange amoureux ? Sûrement. Mais il faudra de la patience, voire du cran, et beaucoup d'amour.

Des unions plus courtes mais plus solides

J'ai connu un couple qui, après plusieurs années de vie commune, disait : « Nous faisons notre possible pour que notre relation dure et se fortifie ; nous savons que tous les jours elle peut se terminer… » J'ai longtemps médité cette phrase courageuse et difficile à intégrer dans la réalité. Elle dit tout de la fragilité d'une relation et de la volonté indispensable à chacun pour la maintenir.

Avec ce type de relation, beaucoup se retrouvent à nouveau célibataires. Mais avec moins d'amertume et des souvenirs positifs de ce que peut être, même limitée dans le temps, une relation réussie.

Nous sommes tous conscients de la difficulté qu'il y a à s'entendre, à se comprendre, à coexister. J'aime nos longues discussions, à plusieurs célibataires, sur ce sujet inépuisable. J'aime la franchise avec laquelle nous parlons entre nous de nos craintes, de nos fragilités, de nos incertitudes, de nos handicaps, de nos déterminations, de nos exigences et de nos rêves.

D'après les statistiques, chacun se retrouverait célibataire au moins une fois dans sa vie. Alors, même si elle est de courte durée, il vaut mieux que cette étape soit vécue le mieux possible. Comme une situation *a priori* ni meilleure ni pire que celle du couple. Comme une expérience riche et positive. Autant profiter de ce temps de réflexion pour savoir ce que nous souhaitons vraiment et de quelles relations nous sommes capables. Ainsi seulement, le célibat sera synonyme de solitude positive, librement choisie. Ou, mieux, d'antisolitude.

DE PLUS EN PLUS DE CŒURS EN JACHÈRE

Après avoir entendu plusieurs centaines de célibataires, je peux témoigner que le terrain actuel des femmes et des hommes seuls ressemble à une jungle. C'est à qui avance un pied, un œil, et recule aussitôt derrière son arbre de peur d'être vu, repéré, sollicité, aimé.

Plusieurs enquêtes ont révélé que 30 % des solistes vivent bien leur situation - même s'ils considèrent qu'elle est provisoire - et que 70 % d'entre eux y sont mal à l'aise.

Étant donné que je suis psychosociologue de formation, je tiens à faire la part du social et du psychologique dans le vécu sentimental de ceux qui me consultent. Beaucoup vivraient mieux leur état si un entourage traditionnel ne les renvoyait sans cesse à une norme tenace: le mariage et la famille, et ce, malgré les déboires de ces institutions.

Cela rend difficile la perception du malaise chez chacun et chacune. Est-ce une difficulté à assumer un état de solitaire, même pour les plus sociables? Ou est-ce la force de la pression sociale qui s'acharne à les marginaliser?

Mon rôle est de savoir qui est capable de construire une relation d'amour à long terme, et non d'encourager une cérémonie nuptiale pour familles et amis pressés de voir les célibataires se ranger dans leur camp.

Les années *peace and love* ont entretenu la génération des *sixties* dans l'illusion que l'amour était chose facile. Le féminisme a donné aux femmes une autonomie et des moyens financiers qui les aident dans bien des domaines, sauf dans celui de la relation amoureuse, pour le moment tout au moins.

Après cette tempête balayant les rituels établis, les signes de connivence repérables et l'ancien code amoureux, où en est-on, à l'aube du XXIe siècle?

Y a-t-il véritablement une femme nouvelle? Et le macho est-il définitivement disparu de la planète? Est-ce souhaitable et viable qu'il en soit ainsi?

Tout cela a engendré des rapports de force, et je crains que ce ne soit pas fini. Car si certaines femmes profitent de nouvelles ouvertures professionnelles et ont la capacité de s'assumer sans un mari pourvoyeur de fonds, beaucoup doivent encore se battre pour vivre la tête haute devant leur partenaire masculin. Et la *superwoman* se plaint souvent de ne pas trouver une épaule virile et sécurisante sur laquelle poser la tête.

Le grand malaise hommes-femmes se nourrit de ces contradictions. Responsabilités en entreprise rime mal avec féminité, et les hommes ont du mal à courtiser des femmes qui n'ont plus besoin d'eux…

Il faudra du temps pour accepter d'imaginer à deux un avenir qui jusque-là était aménagé par d'autres et pour d'autres, dans des sentiers mille fois rebattus. Après avoir vécu la fin d'une étape charnière inconfortable pour Cupidon, il ne nous reste plus qu'à espérer que nous assisterons, au cours du troisième millénaire, à l'avènement d'un autre temps amoureux enrichi par ces années d'errance nécessaire.

Car si le couple continue à entretenir la relation dominé-dominant, il est prévisible, d'après l'Institut national de la statistique et des études économiques (INSEE), qu'il y aura de plus en plus de solistes, avant ou après le mariage.

Il se peut que cette évolution soit signe de maturité et d'autonomie affective positive. Je refuse cependant de croire qu'elle fera barrage à l'amour.

HALTE AU NÉGOCE DES VIANDES À MARIER

Actuellement, le marchandage du couple est devenu un trafic international sans que nul ne s'en inquiète.

En France, par exemple, pour quelques dizaines d'agences de rencontre - souvent des entreprises indépendantes - qui cherchent les vraies réponses aux demandes de leurs clients et qui ont du mal à subsister, combien de commerçants dénués de scrupules vendent les sentiments humains… comme on vend des aspirateurs? Certains «créateurs d'emploi» exploitent la régression affective et le sentiment d'urgence de quantité d'hommes et de femmes qui voient dans l'Autre avec un grand «A» le remède à tous leurs maux.

Il faut savoir que, en France comme ailleurs, il n'est nul besoin de formation ni de déontologie pour installer une agence de rencontre. Aucun critère n'est requis. On s'improvise confesseur de misères affectives et sexuelles sans aucune étude de la psychologie humaine. Aucune réglementation n'est prévue pour éviter les dérapages en la matière. Une adresse, un numéro de téléphone, une liste d'amis célibataires et des annonces qu'on publiera dans les journaux afin de rabattre quelques cœurs errants suffisent pour avoir pignon sur rue. Reste à convaincre ceux qui ne demandent qu'à y croire que le partenaire idéal est là, sous la main, pour faire signer un contrat variant entre 1100 € (1700 $) et 4600 € (7200 $) sans aucune garantie de réussite. Que font nos gouvernants, et plus précisément les instances soi-disant préoccupées par l'avenir de la famille ?

Connaissent-ils le prix de la chasse au conjoint ? Sont-ils soucieux de la réussite d'un couple ou comptent-ils seulement le nombre de mariages, quelle qu'en soit l'origine, et la taxation qui en résulte ? Sont-ils conscients du nombre de divorces qu'entraînent ces sabotages chèrement payés ?

Les quelques marieurs honnêtes sont vite débordés par les difficultés de leurs clients ainsi que par la rareté des hommes et des femmes prêts à construire ou à reconstruire un couple. L'agence est souvent l'ultime recours de quiconque est prêt à tout pour éviter une solitude trop pesante.

D'autres, par exemple, les PDG quittés par leur épouse, ont une autre urgence : celle de leur respectabilité. Leur motivation est aiguillonnée par l'entreprise dans laquelle ils font carrière, occupant un poste à haute responsabilité qui exige une épouse, pour la stabilité... et les réceptions.

Beaucoup d'agences ferment aussi vite qu'elles ouvrent, avec un bilan financier désastreux. Leurs clients ne peuvent récupérer leur argent, car la haute direction est souvent partie sans laisser d'adresse. Pire encore : certaines agences qui se retrouvent dans une situation financière désespérée font signer des contrats à la hâte, juste avant de fermer leurs portes.

Quant aux entreprises *high tech* comme les grandes chaînes et les franchises, elles veillent surtout à leur chiffre d'affaires et non au bien-être des futurs couples. Non seulement l'agence matrimoniale est une activité non réglementée, mais ceux qui y font appel ont une certaine pudeur à révéler leur démarche. Par conséquent, on n'a pas de statistiques à ce sujet.

Stop à ce gâchis entretenu et encouragé malgré les procès et les scandales que dénoncent les organismes qui s'occupent de consommation.

Si la « profession » de marieur a une raison d'être, si l'État la considère comme indispensable à la renaissance de la famille, il est temps d'en définir la formation, de lui imposer un code de déontologie et d'en établir les critères d'implantation.

Beaucoup d'hommes et de femmes isolés ont besoin d'aide lorsqu'ils recherchent une personne avec qui partager leur vie. Certains ont besoin de faire le deuil d'une relation passée ou d'un divorce récent et d'apprendre à en parler avec leurs enfants. Peu se font accompagner psychologiquement lors de passages difficiles. D'autres, déprimés, se précipitent en désespoir de cause chez un chasseur de cœur qui promettra l'idéal, tel le Père Noël.

La personne « prétendante », en situation d'urgence, fragilisée et dévalorisée par son état et sa recherche d'une âme sœur, fera appel à la première marieuse ou au premier marieur découverts dans une publicité. Ce sont des proies faciles pour les commerçants du mariage avides de contrats signés et payés.

Ce n'est que par la suite qu'on ira vérifier si le partenaire demandé figure sur le fichier de la maison. Il est extrêmement rare, en tout cas, que l'on cherche à savoir si le prétendant a la capacité d'aimer et de construire une relation viable.

Qu'attendent les instances officielles pour mettre de l'ordre dans ce gâchis ? Si ce n'est au nom de l'amour dont, il est vrai, les politiques n'ont jamais parlé, qu'ils bougent au moins afin de réglementer ce commerce, au même titre que celui de l'immobilier !

Stop à ces manipulations et tractations commerciales jouant avec la sensibilité humaine ! Le sentiment ne s'achète pas plus que le couple ou la famille. Il se donne. Ce marché du mariage encourage les fausses motivations en promettant une réponse immédiate à des besoins primaires, dont la satisfaction se trouve ailleurs et autrement.

De plus, la vie privée appartient à chacun et à chacune, tout comme le sens que l'on donne au couple. Cupidon ne passe pas plus souvent dans les agences de rencontre qu'ailleurs. Nul employeur ne l'embauchera. Il est incorruptible et restera enfant de Bohème.

CÉLIBAT RURAL ET EXODE FÉMININ

Voilà une vingtaine d'années, les études de l'Institut National de la Statistique et des Études Économiques (INSEE) ont révélé l'explosion du phénomène du célibat et généré les termes « monoménage » et « monoparent » pour désigner les solistes des villes. Les études et articles traitant de ce sujet ont évoqué le rapport entre la solitude et l'urbanisme des grands centres. Mon expérience récente m'a montré que le célibat des campagnes est vécu au moins aussi difficilement, et ce, pour les raisons suivantes :

- le handicap du solitaire face à une tradition rurale familiale ;
- la dévalorisation du cultivateur et du monde agricole, qui fait trop rarement parler de ses atouts, de ses difficultés et de ses espoirs.

Le célibataire y est d'autant plus marginalisé que la nécessité d'être en famille est liée à la tenue d'une ferme exploitée (chichement) par les parents, les enfants et les cousins, à peu de frais et en cohabitation.

J'ai récemment approché de près le célibat rural. Deux villages, en Lozère et en Charente, m'ont sollicitée pour lancer un débat lors de leur Foire annuelle des célibataires. Ces départements organisent cette manifestation depuis près de vingt ans avec beaucoup de dynamisme et d'audace. Face au mal-être et à la résignation des isolés du département, un petit noyau dynamique d'habitants pas forcément célibataires a ressenti la nécessité de créer une grande fête de rencontres. Les ruraux, souvent éloignés les uns des autres et n'ayant pas le temps ni l'idée de se retrouver pour évoquer leur situation et faire connaissance, y viennent nombreux.

J'ai dû me documenter car, si j'ai une expérience du milieu soliste urbain, j'ignorais tout de la situation dans nos campagnes.

Pour le prétendant en milieu rural - vrai célibataire - le défi n'est pas d'apprendre à bien vivre sa solitude à la suite d'un divorce ou d'un déménagement ; il consiste plutôt à trouver une compagne alors même que ces dames ne veulent plus épouser d'agriculteurs... Contrairement à la situation qui prévaut dans nos villes, les hommes seuls y sont plus nombreux que les femmes seules. Il y a très peu ou pas de concubinage et beaucoup plus d'hommes célibataires que de femmes, surtout dans la tranche des 24 à 44 ans.

Il faut savoir que l'Auvergne et le Midi-Pyrénées possèdent le plus grand nombre d'isolés et que leur nombre a augmenté de plus du quart entre 1975 et 1982. En revanche, l'Île-de-France et la Normandie sont les régions les moins touchées par le célibat. À l'échelle européenne, l'Irlande est le pays comportant le plus de célibataires dans ses régions agricoles.

Partout, on constate que le «risque» de rester célibataire est inversement proportionnel à l'accroissement des compétences au travail. Autrement dit, plus on possède de qualifications professionnelles, moins on a de risques de rester célibataire, les sujets les plus recherchés par les chasseurs de tête étant aussi les plus recherchés par les chasseurs de cœur. En ville, on sait combien ces dames apprécient un homme aisé. Il en est de même à la campagne.

Voici ce qui différencie la situation des solistes des champs de ceux des villes:

- Ce sont presque toujours de vrais célibataires (peu de divorces jusqu'à ces derniers temps), même au-delà de 40 ans;
- Très isolés les uns des autres; ils partagent souvent leur vie avec un frère célibataire comme eux, dans une ferme familiale déstabilisée depuis la mort des parents.

Selon les statistiques des régions rurales, les «actifs non agricoles» se marient davantage.

Autrefois, il était dans les normes pour les cultivateurs de se marier tard, après avoir conquis leur autonomie. Cette indépendance n'était possible qu'à la mort du père, voire de la mère, lesquels avaient plein pouvoir sur la ferme et ses habitants. Certaines fiancées se voient encore refuser l'accès à la maison familiale par une future belle-mère, car il est encore de mise de cohabiter, toutes générations confondues, sous le même toit.

Le célibat, élevé au-dessus de 40 ans, est le fait des hommes qui se sont rarement rapprochés des femmes sur le plan sentimental, surtout dans les petites exploitations. Certains hommes ont pris épouse à la ville, lors de séjours de formation ou au cours d'un épisode professionnel urbain.

L'Administration, alertée par cette chute des mariages qui risque de freiner davantage le dynamisme agricole, a créé des incitatifs visant à faciliter la vie des jeunes couples :

- une prime à la décohabitation, qui leur permet de ne plus vivre aux côtés des parents ;
- les regroupements d'anciennes petites fermes (GAEC), qui ont favorisé une reprise des mariages. Cette reprise est due notamment au fait que l'on n'épouse plus un « paysan », mais un véritable gestionnaire de son entreprise. Le travail y est moins dur et les gens, moins isolés.

Par ailleurs, on constate que le célibat augmente avec l'altitude… Les montagnards ont moins de chances de se marier. Là aussi, le climat et l'éloignement hivernal accroissent les difficultés et l'inconfort.

Le divorce a émergé ici bien plus tard que dans les villes, où l'épouse peut acquérir une formation et trouver un emploi.

Et les filles des agriculteurs s'échappent toujours pour chercher du travail et un mari à la ville, où elles trouvent un époux aux mains douces, qui a un horaire, un salaire et des congés réguliers. Là aussi, c'est l'amour désintéressé qui manque le plus.

Il est temps pour l'exploitant agricole de redorer son image car, en fait, on trouve de plus en plus de jeunes chefs d'entreprise efficaces et la devise « Labourage et pâturage… » a fait son temps. À eux de voir en la femme une compagne de vie et de dialogue, voire de plaisirs, plutôt qu'une travailleuse solide et indéfectible, réduite à veiller sur le poulailler et la soupe des vendanges.

Devant l'exode persistant des femmes, certains cultivateurs désolés de rester célibataires ne devraient-ils pas, aux heures creuses de l'hiver, se poser quelques questions ?

Actuellement, les femmes des régions rurales peuvent se prendre en main, se donner une formation et diriger elles-mêmes une ferme. Elles ne sont plus dans l'attente du fermier voisin pour survivre en l'aidant douze heures par jour, sans loisirs ni vacances. Ce temps est révolu. Dans le couple, la femme prétend être chef de famille au même titre que son époux et ne pas avoir de comptes à rendre à ses beaux-parents. Son bien-être, son confort, le sourire, l'apparence et les gestes amoureux de son mari font partie de ses souhaits quand elle cherche un compagnon de vie.

Les jeunes agriculteurs ont perçu tout cela, mais je ne suis pas sûre que leurs congénères de quarante ans et plus en soient persuadés… Et s'il reste dans nos campagnes quelques machistes que l'évolution de la femme n'a pas atteints, il est temps pour eux de réviser leur attitude afin d'attirer à nouveau les femmes vers la terre.

On ne peut rester sans réaction devant l'expression « exode rural des femmes » signifiée par nos sociologues ! Les femmes partent pour fuir la situation qu'ont vécue leur mère et leur grand-mère, pour trouver ailleurs un emploi moins fatigant, moins salissant aussi, et un compagnon…

On a beaucoup trop dévalorisé les travaux des champs au profit des prétendus plaisirs de la ville. La pollution et les efforts de nos écologistes vont-ils modifier cette image ? Les femmes partent aussi parce que certains paysans cherchent encore des compagnes sur le modèle de leur mère. Les agriculteurs isolés de plus de 50 ans sont les plus à plaindre ; ils délaissent leur métier et leurs terres, n'ayant pas vu à temps qu'il fallait regrouper les exploitations pour survivre.

Peu attentifs à leur personne et ne se préoccupant aucunement de leur apparence, ils ont tenu à l'écart – l'autorité de leur mère aidant – les femmes susceptibles de leur apporter aide et amour. Vieux avant l'âge, au moral comme au physique, ils ignorent tout des femmes et de leur langage. J'espère que ces cas se font de plus en plus rares, mais je les ai vus de près, ils existent… Avis aux jeunes : reprenez-vous et posez un autre regard sur vos futures compagnes.

Il arrive que les femmes aient un emploi à la ville proche, de façon à arrondir les revenus agricoles du mari. Les machines les remplacent à la ferme… D'autres aménagent des chambres d'hôtes ou des gîtes ruraux sur leur domaine et trouvent là une tâche indépendante et gratifiante. Cette initiative permet aux agriculteurs de sortir de l'isolement en côtoyant leurs hôtes des villes.

L'épouse a actuellement le moyen de se faire reconnaître dans ses aspirations et ses capacités, sans rester figée dans un rôle prédéterminé. Aux époux d'entretenir le plaisir d'être en couple, audelà de l'association dans le travail; à eux aussi de cultiver l'art de plaire avec autant d'ardeur que celle qu'ils mettent à cultiver leur terre. Les femmes les regarderont autrement et... de plus près, même si elles réussissent moins bien la soupe que leur belle-mère.

Étant donné que la plupart des vrais célibataires ruraux aspirent plutôt au mariage, j'ai peu insisté sur l'état de soliste heureux dans les conférences que j'ai données chez eux. S'il est possible, à la ville, de vivre un célibat heureux grâce au nombre de lieux de rencontre et de communication, à la campagne, pour vivre une solitude choisie, on doit le plus souvent affronter et résoudre un problème d'isolement forcé à cause de l'éloignement géographique.

Il semble néanmoins que des contacts chaleureux pourraient se créer. Des communautés de solistes regroupant des terres ou se retrouvant régulièrement chez les uns et les autres ou au café le plus proche procureraient chaleur et convivialité aux plus isolés. Cela permettrait comme ailleurs de faire face au célibat le temps nécessaire et de ne pas se précipiter sur l'agence de rencontre, peu fiable et fort coûteuse.

Actuellement, la vie à la ferme est encore fortement liée à la famille, même si peu d'enfants d'agriculteurs souhaitent reprendre la ferme, comme cela était de mise autrefois.

Quant au divorce, qui amène à la ville la horde de solistes que l'on sait, il commence juste à prendre de l'ampleur à la campagne. Il est lié au bagage professionnel que la femme doit posséder pour quitter la ferme. Le plus souvent, si elle ne se remarie pas, elle se donne les moyens d'accéder à un poste administratif, car les régions purement agricoles sont peuplées... de cultivateurs, d'éleveurs de bétail et de fonctionnaires.

Nos campagnes vivent, dans le domaine amoureux, ce que les villes subissent depuis cinquante ans, c'est-à-dire un revirement complet des modèles et des modes de vie. Elles ont besoin d'être dynamisées à nouveau. Leurs habitants ont besoin d'être aimés dans tous les sens du terme : appréciés par notre société, surtout celle des villes, et mieux préparés à séduire longtemps une femme amoureuse. Ici aussi, il faudra trouver de nouvelles pistes, créer des lieux de rencontre et de parole. Les foires aux célibataires y contribuent.

L'objectif du désenclavement ne concerne pas seulement les terres, mais aussi les âmes isolées et malmenées de nos campagnes.

LES FILLES DE L'EST

Signe de décadence ultime dans l'exploitation commerciale du couple, la misère économique des Roumaines, des Russes et des Asiatiques est utilisée pour leur faire contracter, en Occident, des mariages chèrement payés.

Telle une prostitution organisée, des réseaux sont mis en place pour convoyer d'est en ouest des épouses potentielles. Celles-ci, appâtées par la perspective d'une vie confortable, sont offertes sur catalogue à des hommes en mal de couple. Aux hommes qui recherchent une compagne, les organismes d'import-export conjugal font valoir que :

- Par contraste avec la liberté et la détermination des Européennes, les filles de l'Est possèdent la douceur, voire l'esprit de soumission qui prévalait avant le féminisme.
- La misère qui sévit dans leur pays rend ces femmes peu exigeantes, du moins financièrement.

De plus, certaines publicités nourrissent un fantasme d'exotisme répandu chez beaucoup de nos hommes. Le mythe de la geisha a fait son chemin à travers le colonialisme de nos ancêtres.

Il faut savoir qu'une véritable traite des femmes est en marche, tels les convois d'épouses asservies aux pionniers d'Amérique.

On promet ainsi à de jeunes femmes et à leurs parents une somme plus ou moins importante, billet d'avion aller – mais jamais retour – compris. L'ensemble est payé par l'acheteur qui choisit sur photo sa dulcinée venue d'ailleurs. Certains hommes font le voyage eux-mêmes et ramènent l'élue.

Il est évident qu'une telle démarche rassure la virilité mise en cause par le comportement féministe et les prétentions des *top women* occidentales. Quant au comportement des hommes occidentaux, il révèle un tel malaise qu'il est impossible de ne pas nous remettre en cause, de ne pas nous poser les vraies questions sur notre féminité, notre sensualité, voire notre « femellité ».

Que dire de ces femmes dans la misère, qui se mettent naïvement en route vers une terre de rêve ? À l'heure des grands colloques et autres congrès pour les droits de la femme, comment peut-on laisser prospérer officiellement de tels commerces ? Ces convoyeurs feraient-ils partie des organismes humanitaires ?

Pour une de ces femmes qui s'adapte peut-être et mange un peu plus à sa faim, combien y a-t-il d'inadaptées et de déracinées privées de chaleur ? Combien d'incompréhension dans les villages et dans les couples ainsi formés ?

Je m'insurge devant cette prostitution organisée et je la dénonce autant que je dénonce la prostitution qui sévit dans nos rues, en prise directe avec le sida !

Lequel des deux gagnera, en ce XXIe siècle ? La commercialisation des corps et des âmes ou l'amour désintéressé ? Il faut dénoncer ce trafic, dire notre part de responsabilité et chercher d'autres chemins plus doux, plus chaleureux et plus sincères, sur lesquels ne rôde aucun entremetteur patenté.

Chapitre 2

Constats et comportements nouveaux

Au-delà des réalités que j'ai évoquées au premier chapitre, j'ai repéré des comportements qui sabotent la communication chez les solistes de tout âge et de toute situation. Je vous fais part des attitudes qui se manifestent le plus souvent dans leurs discours et leurs comportements. À chacun et à chacune de les détecter à temps, chez soi et chez l'autre, afin de gérer au mieux ses relations.

LES *TWENTIES*

Jeunes adultes émergeant d'une adolescence durant laquelle ils ont parfois eu du mal à trouver leurs marques, les *twenties* ont souvent fait de longues études, qui ne les ont pas aidés à s'épanouir affectivement. Parfois conçus par des parents immatures et soumis à la pression sociale (faire un enfant parce que les conventions religieuses et familiales l'exigeaient), ces jeunes bon chic, bon genre en blousons dorés ont eu une demande à satisfaire dès le départ. Une fois devenus adultes, ils doivent se construire seuls sur le plan affectif, ce qu'ils font souvent tardivement, de manière plus ou moins empirique. Ceux qui me contactent au sujet de leurs difficultés relationnelles ont eu sous les yeux l'image d'un couple parental déficient.

Puis, ils sont entrés dans la vie active. Ils sont, comme on dit, professionnellement et socialement « insérés ». L'obtention de leur diplôme a parfois coïncidé avec un mariage hâtif.

Issus de familles conventionnelles, ils ressentent leur solitude comme un handicap : vivre en couple semble être la seule garantie d'équilibre. Ils expriment ce désir de normalité comme s'il existait une bonne façon de marcher : au même pas que leur entourage, et deux par deux. Car tout est fait pour dénigrer la vie en solo. La solitude est présentée par les médias, notamment par la presse du cœur, comme suspecte, dévalorisante, voire pathologique.

Leurs longues études les ont convaincus de leurs capacités intellectuelles. Persuadés d'appartenir à une élite, ils se trouvent pourtant démunis devant la première difficulté sentimentale.

De plus, ils sont confrontés à des jeunes femmes qui ne sont plus des copines d'université, mais d'éventuelles compagnes de vie. Si leurs grands-pères avaient quelques encablures d'avance sur des femmes rarement diplômées… et souvent vierges, ce temps est maintenant révolu.

Les jeunes sont dans la crainte de perdre l'amour de leurs proches en devenant eux-mêmes, en exprimant leurs désirs personnels et en les imposant.

Les jeunes divorcés ont souvent mieux analysé leur erreur de jeunesse. Beaucoup d'entre eux, après un mariage d'une durée de deux ou trois ans, ont pu s'en sortir sans haine et presque sans larmes. Ils se posent alors la juste question : Après cette erreur de parcours, quelle leçon dois-je tirer pour construire ailleurs et autrement un couple épanouissant ?

Les enfants du *peace and love*

Les enfants des soixante-huitards ont été conçus dans l'exaltation d'une prétendue libération sexuelle et dans l'euphorie du *sky is the limit*. Ballottés dans les manifestations sur les épaules de leur père, cherchant des caresses auprès d'une mère juchée sur les barricades, ces enfants devenus adultes cherchent des routes bien tracées et sans surprises. Quelle option de rechange, pour s'opposer à un père enfant ayant bousculé l'ordre établi, que de se ranger du côté des conventions ?

Maman découvrait les privilèges jusque-là réservés au « sexe fort » et en usait largement. Papa partait à la recherche de son moi féminin pour ne pas encourir l'insulte unanime des féministes : macho !

Les enfants de 1968 sont parfois fils ou filles de mères célibataires (et non plus de filles mères) ; certains ont été élevés dans une communauté. Ils se souviennent d'avoir été bercés dans une fête permanente où leurs parents refaisaient le monde durant des nuits entières. D'autres parents parcouraient la France et l'Europe, leurs bébés sur le dos, et de futurs chefs d'entreprise se reconvertissaient en éleveurs de moutons.

Ce fantastique tremplin d'ouverture et d'espoir a permis à des hommes et des femmes nés à la fin de la Deuxième Guerre mondiale d'envisager autrement leur avenir. Certains ont su adapter leurs rêves à la réalité qui était moins dure que celle que nous connaissons aujourd'hui. Ils ont su repousser les limites d'un monde matérialiste et idéalement stérile. Tels des pionniers en quête d'une Terre promise, ils ont exploré un univers plus chaleureux et plus sensible que celui de leurs pères. Cette étape a permis d'intégrer de nouvelles valeurs d'humanisme jusque dans certaines entreprises.

D'autres n'ont gardé de cette époque que l'immaturité d'une puberté tardive suivie de déceptions et de frustrations. Incapables d'élaborer une réflexion action constructive, ils ont grossi le troupeau des désenchantés.

Les jeunes adultes et les quadragénaires s'affrontent parfois sur ce point lors de mes conférences. J'ai ainsi entendu un jeune homme de 26 ans préciser doctement à un « vieux » (son aîné de 15 ans) que « désir et plaisir n'allaient pas de pair avec famille et durée ». De même, j'ai vu une jeune femme vanter la sécurité de l'institution du mariage à un « vieux » divorcé heureux d'avoir largué ses amarres.

Ces jeunes hommes et ces jeunes femmes portent en eux le souvenir d'une enfance malmenée. Du fait de leur éducation peu conventionnelle, ils ont souvent connu des relations sentimentales et sexuelles précoces ; pourtant, ils cherchent une autre façon de se rencontrer, d'aimer, d'être aimés et de construire un couple durable.

La faute à maman...

Les femmes ont encore quelques batailles à livrer, notamment en ce qui concerne l'égalité professionnelle. En revanche, en tant que mères, certaines ont outrepassé, sans en avoir toujours conscience, les limites du respect de l'enfance. D'autres s'autorisent des chantages affectifs qui paralysent longtemps le comportement relationnel de leurs enfants.

Il en est ainsi des jeunes adultes pour qui les relations se jouent dans l'alternative plaire ou déplaire. Pour eux, dire oui au désir de l'autre signifie être aimé et dire non, être rejeté. C'est, à mon avis, ce comportement qui parasite le plus souvent les relations amoureuses. On le retrouve en priorité chez les hommes et les femmes en mal de communication avec l'autre sexe. Chaque attitude, chaque action est définie uniquement en fonction du regard de l'autre.

Les mères qui abusent ainsi de leur pouvoir affectif font beaucoup de tort à leurs enfants. Leurs fils garderont toute leur vie l'image d'une femme qui ne les aimera que s'ils lui disent oui. Leurs filles auront vis-à-vis de leurs partenaires le même comportement stérile et dévalorisant.

La personne va se conduire sur le seul mode de relation dont elle est capable : soumise pour plaire, pour séduire, mais intérieurement révoltée contre le tyran qui lui impose ce rôle. Une bonne partie des divorces est issue de ce tragique malentendu. L'étouffement de soi a des limites : lorsqu'elles sont atteintes, on assiste aux séparations les plus tumultueuses.

Si la ou le partenaire amoureux a une attitude semblable à celle de la mère, on peut craindre deux comportements dommageables pour la future relation :

- La fuite devant le danger. Certaines femmes reprochent cette attitude aux hommes. J'en connais pourtant qui, en se conduisant en mères abusives, provoquent cette échappée salutaire.
- La soumission aux désirs de l'autre. Cette attitude peut aller jusqu'à l'esclavage et au masochisme. On connaît les réactions

violentes, voire les crimes passionnels, que la révolte subite peut engendrer.

Chaque début de relation renvoie ces jeunes à l'éducation marchandage qui les a rendus incapables de se positionner d'égal à égal.

Il va de soi que l'influence d'un père trop rigide, trop exigeant, est également néfaste pour l'avenir d'un enfant. Néanmoins, malgré l'apparition des nouveaux pères, qui pouponnent avec enthousiasme et dextérité, l'éducation des petits enfants est encore l'apanage des femmes; et la responsabilité maternelle quant à la manière dont ils construiront leurs relations futures demeure prépondérante.

Si le féminisme a permis à des milliers de femmes de trouver leur juste place dans la société, il a « oublié » de dénoncer l'abus de pouvoir maternel.

ENTRE 30 ET 40 ANS

La caractéristique des solitaires entre 30 et 40 ans est la peur du qu'en-dira-t-on. Extrêmement vulnérables aux commentaires extérieurs, ils n'hésitent pas à se qualifier eux-mêmes d'instables ou d'égoïstes, voire de handicapés: ils se sentent amputés de la moitié de couple qu'ils ont perdue ou n'ont jamais trouvée.

Doutes et cicatrices

Certains errent de séductions passagères en aventures d'un soir, comblant un besoin d'évasion après une vie de routine conjugale. D'autres, qui ne peuvent plus dormir seuls, angoissés par leur nouvelle solitude, perturbés par la séparation ou le divorce récent, cherchent auprès de compagnes ou de compagnons d'une nuit un divertissement, au juste sens du terme.

Ces errants sont sur le chemin du court terme; ils ignorent celui du parcours à deux. Ils ne savent pas comment changer de cap, de comportement, d'approche, de style de partenaire, afin de construire ou de reconstruire un couple durable.

Ils ont en commun l'impossibilité de croire, pour le moment, en un avenir différent et plus satisfaisant. Les cicatrices des uns, les aventures des autres, l'absence d'expérience, dans le cas de quelques « vrais » célibataires, les ont laissés meurtris et désabusés.

À eux de prendre le temps d'élaborer une stratégie cohérente, reposant sur des fondations solides, de clarifier leurs objectifs et de trouver les moyens personnels de les atteindre. Ils ont bâclé leur passé. Il leur faut désormais réussir leur avenir, mais leur errance nécessaire est à respecter.

Le désir d'enfant

À 30 ou 35 ans, hommes et femmes s'inquiètent parfois de ne pas être père ou mère. Ici encore, il faut relativiser le désir authentique de l'individu par rapport à la pression sociale ou familiale.

Il reste que, même si ce désir est bien réel, la mère ou le père potentiel n'est pas là. Je suis en total désaccord avec les femmes qui recherchent un géniteur ayant les qualités d'un étalon et le laissent dans l'ignorance de sa paternité. C'est, d'une part, faire preuve du plus profond mépris pour l'homme père; d'autre part, il y a suffisamment d'enfants du divorce pour ne pas fabriquer un orphelin de plus.

Paradoxalement, ce fort désir de se reproduire se caractérise souvent par le fait qu'il est totalement déconnecté de toute envie de relation sexuelle ou même sensuelle. Sans doute est-ce là une façon de masquer des difficultés relationnelles, voire sexuelles (pour moi, les deux problèmes sont inséparables). Il est en effet plus facile d'aborder le thème de l'enfant et de la postérité que celui du désir d'instaurer une relation.

Et pourtant, l'entente du couple sera déterminante pour le développement harmonieux de l'enfant… et non l'inverse !

Sexe fort, sexe faible

Les hommes de 30 à 45 ans sont parfois désemparés face aux femmes. Certains m'ont fait des confidences : « J'aurais du mal à séduire et à épouser une compagne qui gagne plus que moi ou qui a des responsabilités professionnelles plus importantes que les miennes. » Comme si, stéréotype immortel, l'homme ne pouvait se percevoir autrement qu'en être dominant ou en Pygmalion.

À l'inverse, d'autres hommes recherchent (voir les annonces et les échos des agences de rencontre) une compagne ayant fait de solides études. Ce qui est paradoxal, c'est qu'ils acceptent difficilement, une fois mariés, que cette même femme ait des réunions tardives, des semaines de travail chargées ou des déplacements imprévus. Si le repas d'affaires fait partie de l'emploi du temps du dirigeant, ils ont du mal à admettre que leur épouse puisse être amenée à dîner au restaurant, souvent en compagnie masculine, pour négocier un contrat important.

De leur côté, certaines femmes, bien que beaucoup mieux armées que leurs mères quant à leur vie quotidienne et matérielle, cherchent l'épaule secourable, le côté protecteur chez leur conjoint. Cette ambivalence ne laisse pas de dérouter plus d'un homme.

Forte et fragile à la fois, la femme d'aujourd'hui doit apprendre à construire une relation nouvelle avec son compagnon de vie. L'homme, quant à lui, doit savoir dépasser les stéréotypes d'autrefois et renoncer à trouver l'épouse dépendante - et si sécurisante - d'une époque révolue.

Le temps où sexe faible et sexe fort étaient bien définis appartient au passé. Une chose est certaine : hommes et femmes demandent à leur futur partenaire d'être fiable. Chaque couple à sa manière doit utiliser anciens signaux et nouveaux repères pour s'inscrire dans la durée avec confiance.

Maman et putain, même combat !

La maman d'autrefois, telle qu'elle est idéalisée par la littérature, est sereine, généreuse et sécurisante ; on l'imagine à la tête d'une famille unie, servant la soupe à une nichée d'enfants joyeux. De son côté, la putain était facilement repérable. Sa place était sur le trottoir, ses charmes physiques plus ou moins dévoilés.

Dans l'imaginaire collectif, la mère est bonne et la putain, mauvaise: la première dispense inlassablement sa générosité, la seconde fait payer ses prestations. Le plus infâme juron des pays méditerranéens n'est-il pas «fils de p...»?

Or, les femmes d'aujourd'hui, qui veulent tout, revendiquent le droit de cumuler les rôles de bonne mère et de belle amante. Cette nouvelle attitude plonge certains hommes dans le désarroi le plus complet. Beaucoup d'hommes autour de 35 ans s'interrogent: «Peut-on envisager de fonder une famille avec une maîtresse expérimentée?»

Plusieurs hommes m'ont avoué s'être réveillés dans le doute et la suspicion, à côté d'une compagne de nuit (trop?) experte. «Si elle m'a accordé ses faveurs si promptement et que sa sexualité est à ce point libérée, pensent-ils sans vraiment le formuler, quel gage de fidélité ai-je pour l'avenir? En tant qu'épouse, en tant que mère de mes enfants, pourrai-je lui faire confiance?»

Ainsi, incapable d'accepter la dualité d'une compagne à la fois épouse et femelle, l'homme se trouve mal à l'aise pour s'engager dans une relation à long terme.

Le temps des copines

Pour certaines femmes, les relations platoniques avec les hommes sont très harmonieuses. Sportives, salariées, syndicalistes, randonneuses, bridgeuses, elles ont, à travers leurs multiples activités, de nombreux amis masculins. Leur problème? Les hommes les apprécient, mais ce ne sont pas elles qu'ils invitent à dîner en tête-à-tête. Les bourrades amicales des copains ne comblent pas le besoin de tendresse.

Jusqu'au jour où elles tombent amoureuses d'un copain de sport... qui serait bien surpris de l'apprendre. Habituées à vivre des relations asexuées, elles ne peuvent se résoudre à s'exposer au «danger» d'une liaison. D'ailleurs, ces femmes ont souvent des amis homosexuels, ce qui les met à l'abri du désir de l'autre et de la confrontation intime.

En devenant amoureuse, la bonne copine perd ses repères; elle s'appliquera à ne communiquer avec l'élu de son cœur que sur le mode de l'amitié virile. Derrière ses: «Salut! Comment vas-tu?», que d'émotions refoulées, quel désir non exprimé!

Pour sortir de l'impasse, cette femme doit éprouver la découverte d'une émotion riche de trésors enfouis. Elle sera alors peut-être capable de délaisser ses vêtements de jogging pour des tenues plus féminines (au physique comme au moral). L'important est ce qui se passe quand on se regarde dans le miroir... et dans l'œil de l'autre. L'important, c'est que cette femme sache que changer n'est pas synonyme de danger.

ENTRE 40 ET 50 ANS

Quadragénaires et bien plus, les hommes et les femmes qui sont en quête d'amour et qui sollicitent mes services ont jusqu'à 75 ans et plus. Ces hommes et ces femmes ont tous connu des périodes plus ou moins longues de vie à deux. On trouve dans ce groupe d'âge des divorcés, des séparés, des veufs et des veuves. Ils ont cru à l'amour-toujours (au moment où ils ont convolé, le divorce était encore exceptionnel), et la chute a souvent été dure au moment de la rupture.

Un passé à prendre en compte: les valises

Parmi les divorcés, je rencontre autant de personnes qui ont pris l'initiative de la rupture que de personnes qui l'ont subie. Il est parfois difficile de repérer de qui vient véritablement la décision.

Officiellement, près de 80% des divorces sont demandés par les femmes, ce qui signifie qu'elles ont officiellement acheminé la demande en justice. Mais comment déterminer la responsabilité de chacun lorsqu'il s'agit de divergences et d'incompatibilités anciennes?

Certains ont vécu leur séparation avec cœur et intelligence, même s'ils n'ont pas fait l'économie de la souffrance. Ce sont des hommes et des femmes qui souhaitent à nouveau construire un couple et qui en ont la capacité.

Les autres, les rancuniers, les haineux, continuent à se détruire, même loin l'un de l'autre. Incapables de liquider leur contentieux, ils ont du mal à aller de l'avant et à envisager une relation autrement que sur le mode agressif. Ils portent leur animosité en bandoulière, ce qui ne les prédispose guère à trouver un nouveau partenaire.

Souvent, veufs ou divorcés abordent trop rapidement le récit de leur passé quand ils établissent le dialogue avec un partenaire éventuel. S'il est logique, lorsqu'une relation s'installe, de chercher à se connaître mutuellement à travers son histoire respective, il est prématuré de faire état d'un précédent mariage lors d'une première rencontre.

Ceux qui sont séparés depuis peu ont un contentieux moins lourd à liquider, des souvenirs moins ancrés. Ils ignorent cependant où et comment rencontrer d'autres célibataires. Beaucoup d'entre eux ont des journées métro-boulot-télé-dodo et passent leurs dimanches auprès de parents vieillissants. D'autres exercent leur droit de visite auprès des enfants du divorce. Ils ont souvent oublié le chemin de la convivialité.

Chacun chez soi

Certaines femmes divorcées en quête d'un nouveau partenaire sont prêtes à dire oui à une relation privilégiée et non à la cohabitation.

Ces femmes ont choisi de partir, après de longues années d'un mariage insatisfaisant. Elles ont organisé leur vie, leur logis. Elles ont du mal à oublier les années pénibles de vie commune et ne voient pas l'utilité de tenter à nouveau l'expérience, quand il ne s'agit plus de fonder une famille. Elles conçoivent très bien une relation forte, faite de plaisir et de soutien dans la fidélité, mais à distance.

Au même âge, la conception masculine de la relation amoureuse est différente. Elle est liée à la communauté de vie. Appartement douillet et ambiance confortable vont de pair avec une femme à la maison. À négocier… avec amour.

Les veufs, les veuves

Pour les veufs et les veuves, la page à tourner est différente. Prendre un nouveau départ signifie qu'on a, au préalable, trouvé la force d'éliminer de son environnement la présence quotidienne (concrète et imaginaire) de l'être cher qui a disparu. Je parle ici de photos, de meubles, d'objets que l'on doit ranger, sans forcément les jeter, pour accueillir des regards et un avenir neufs.

Contrairement aux divorcés qui apprécient parfois l'absence de l'être qui perturbait leur vie, les veufs et les veuves se trouvent démunis devant une vie de solitaire. Ils portent à leurs côtés le fantôme de l'autre. Lorsqu'ils entreprennent la recherche d'un nouveau partenaire, c'est parce qu'ils ne supportent plus de vivre seuls. Sans renier un passé à jamais révolu, ils doivent apprendre à ne pas imposer à l'autre le souvenir qu'ils en ont.

Il est parfois difficile de nouer une relation avec un veuf ou une veuve. Inutile de chercher à supporter la comparaison avec un être cher que la mort, en le fauchant, a mis à l'abri de toute critique. Écoute, intuition et discernement seront nécessaires pour trouver une place et éviter de blesser une sensibilité encore à vif.

Les vrais célibataires

Je n'oublie pas ceux et celles qui, en 40 ou 45 ans d'existence, n'ont rien connu du couple.

Leur vie quotidienne est organisée, figée. Leur métier est souvent très prenant. Leurs soirées, leurs vacances se ressemblent : famille, associations, lecture, télé. Lorsqu'ils vont au spectacle, c'est toujours avec le ou la même ancienne amie, du même sexe qu'eux.

On constate chez eux une morosité, un manque de goût pour la vie, l'acceptation d'une routine sans aucune surprise. Le décès d'un parent ou d'une amie peut modifier leur parcours. Leurs dimanches ou leurs vacances s'en trouvent bouleversés, comme s'ils avaient formé un couple avec la personne disparue. Il s'agit parfois d'une autre forme de rupture; par exemple, les neveux dont ils se sont beaucoup occupés deviennent adultes: finies les sorties au cinéma et les festins à la pâtisserie du coin le dimanche.

Ces hommes et ces femmes ressemblent aux «vieux garçons» et aux «vieilles filles» d'autrefois. Une éducation stricte, un goût pour une vie ordonnée et sédentaire, la peur du risque entretenue par une famille timorée et les voilà, à 45 ans, débranchés du reste du monde…

APRÈS LE DEMI-SIÈCLE, TOUJOURS EN PISTE!

Au siècle dernier, tomber amoureux après 50 ans était impensable ou considéré comme totalement farfelu. Quelques exceptions ont défrayé la chronique en leur temps: Sarah Bernhardt, Colette ou Marguerite Moreno…

En ce début d'un nouveau millénaire, le troisième âge se dévergonde. On rencontre des groupes de retraités en voyage au bout du monde, d'autres qui créent des troupes de théâtre ou s'abonnent à des clubs de sport. Grands-pères et grands-mères se remarient allègrement et les petits-enfants sont du cortège. Dans mes ateliers et en consultation, je constate qu'ils cherchent assez souvent à rencontrer leur deuxième ou troisième compagnon de vie.

Jeunes vieillards cherchent havre de paix

À l'âge où d'autres font sauter leurs petits-enfants sur leurs genoux, certains hommes sont de vieux célibataires. Leur maman disparaît et les voilà démunis, sans gardienne du foyer, sans petits plats mijotés ni linge bien repassé.

Ils émergent trop tard dans un monde qui a changé et ils viennent m'interroger sur leurs chances de trouver une bonne ménagère, bien propre, prête au besoin à jouer les infirmières.

Or, les femmes de 60 et 70 ans que je rencontre ne souhaitent nullement s'encombrer d'un tel fardeau. Il s'agit pour moi d'amener ces hommes - souvent misogynes, après tant d'années sans contact féminin - à découvrir comment ont évolué les femmes de leur génération. C'est une gageure que de leur apprendre à composer avec l'appétit sexuel intact de certaines fringantes sexagénaires.

D'autres hommes, au même âge, sortent tardivement d'un couple difficile. Ils souhaitent rencontrer une femme sereine, sans histoires ni états d'âme. Celles qui les ont quittés, dynamisées par l'étape féministe, les ont bien bousculés. Ils ne veulent surtout pas partager leur vie avec une *superwoman,* même à la retraite.

Surpris et désenchantés de ne pouvoir réaliser leur dernier tranquille petit rêve, ils y renoncent souvent. Parfois, grâce à une petite annonce dans laquelle ils mentionneront «bon revenu de retraite et bonne santé», ils trouveront la dame de compagnie de leurs rêves.

L'été indien

Certaines femmes (et quelques hommes) vivent une après-cinquantaine rayonnante, annonçant leur âge avec sérénité. Leur libido n'a pas pris une ride.

Les «rayonnantes» me demandent parfois de les aider à rédiger une annonce. Elles savent parfaitement ce qu'elles veulent et l'indiquent clairement: «Voilà qui je suis, voilà le type de compagnon que je recherche, voilà ce que j'aimerais partager avec lui.» C'est clair et parfois bénéfique.

Les enfants et les petits-enfants... de l'autre

Les enfants et les petits-enfants font souvent partie de la vie affective du partenaire potentiel. Il n'est pas rare que le monsieur ait une fille de 14 ans et la dame, un fils de 35 ans. Les hommes, mariés plus tard, ont des enfants à des âges plus avancés. Lors des divorces, les tribunaux et les ex-épouses ne sont pas tendres avec les pères. Ceux-ci ont fort à faire pour maintenir auprès de leurs enfants une image satisfaisante. Certains pères y accordent beaucoup de temps et d'attention. À leurs nouvelles partenaires de leur laisser ce plaisir et le temps nécessaire sans en être jalouses.

Quant aux jeunes femmes, elles doivent savoir qu'un divorcé, père de deux ou trois enfants, aura rarement envie d'en faire d'autres. Le divorce complique suffisamment sa situation parentale, et il se sentira peu disponible pour une nouvelle paternité. Les femmes de 30 ou 35 ans sont désagréablement surprises de ce refus, alors que les hommes de 40 ou 50 ans sont déconcertés devant ce souhait de maternité. Parfois, ils se laissent faire en prenant le risque de passer plus pour le grand-père que pour le père.

NE DÉSARMEZ PAS !

Vous avez 60 ans, 70 ans ou plus. Vous avez participé aux multiples révolutions sociologiques de ce siècle. Il vous reste de belles années pour en cueillir les fruits.

Ne restez pas figés avec vos valises. Regardez devant vous et prenez votre vie en main. Le monde est plein de merveilles à découvrir, en solo ou en duo. Verdi composait des opéras à 80 ans ; au même âge, Titien peignait la *Pietà* et Picasso eut une fin de vie très créative…

Quant aux femmes, elles découvrent avec leurs congénères actives – célèbres ou pas – une nouvelle source potentielle de projets et de regards pétillants.

Chapitre 3
Le paysage amoureux façon début de siècle

En plus des attitudes qui détruisent la relation amoureuse, j'ai décelé de nouveaux profils de comportement négatif que l'on retrouve souvent chez les solistes. Je vous livre ces portraits, qui sont des émanations toxiques immédiates de la chimie hommes-femmes du XXe siècle.

LE CŒUR BLINDÉ

Le cœur blindé a 20 ou 60 ans et se décline plutôt au masculin. Il est séduisant, romantique ou ténébreux. Au premier abord, on le trouve très sociable, il ouvre la portière des voitures pour laisser sortir sa compagne, se lève lorsqu'elle arrive à la table, etc. Tout pour séduire les femmes nostalgiques d'un certain art de vivre.

Gare à celle qui voudra visiter de près ce monument, car il s'agit souvent d'une forteresse imprenable.

Sa stratégie est très au point : invitations, gerbes de fleurs, parfums, il reprend à son compte tous les comportements du début du siècle pour séduire l'élue du moment. Il sait appâter sa proie, qui ne demande que ça. L'imprudente lui plaît, elle flatte son narcissisme ; il va une fois encore pouvoir se prouver qu'il existe : je séduis, donc je suis. Mais c'est le bouclier à la main qu'elle devrait aborder ce personnage.

Et pourtant, dès les premières rencontres, même la plus lucide va rester 24 heures sur 24 à côté de son téléphone… silencieux, car le cœur blindé n'appelle jamais le premier.

La déception sera à la hauteur des espérances. Le cœur blindé ne cherche en fait qu'à vérifier son pouvoir de séduction. Ne lui en veuillez pas, mais évitez-le à temps. Il a mille raisons d'en être là. Il a souffert à travers une autre femme, une autre histoire, et il a décidé de tirer le rideau avant le premier acte.

LE CŒUR ASPIRATEUR

Le cœur aspirateur, quant à lui, se présente habituellement en version féminine. Souriante, elle a un visage et un comportement avenants. Ici, point de bataille en perspective, le climat est on ne peut plus agréable.

Après un dîner à deux, la porteuse d'un cœur aspirateur va rappeler la première. Avec beaucoup de gentillesse, elle s'excusera de déranger et, d'une voix angélique, proposera une autre rencontre. Cette douceur rassurera le plus méfiant des hommes.

Dans un premier temps, tout se passe bien. Faire l'objet de prévenances répétées et d'appels téléphoniques attentionnés peut en charmer plus d'un. C'est après que l'insistance du cœur aspirateur devient suspecte, puis encombrante.

La porteuse d'un cœur aspirateur est affligée d'une grande poche vide. Tout ce qui passe à sa portée devient objet utile à son remplissage. Quand elle a jeté son dévolu sur quelqu'un, ses aimables propositions deviennent des demandes pressantes, puis carrément des exigences. Par ailleurs, elle interprétera systématiquement les phrases et les gestes les plus anodins comme des engagements définitifs.

Il est évident qu'elle ne peut vivre seule. À peine divorcée, elle recherchera avec avidité un cœur partenaire… qui la rejettera tôt ou tard sous peine de périr étouffé.

Ce personnage presque pathologique a toujours existé. On peut néanmoins s'étonner qu'il perdure malgré l'accès à l'autonomie dont jouissent maintenant les femmes.

LA MÉGÈRE NON APPRIVOISÉE

Survivante d'un féminisme mal vécu et mal digéré, cette femme-là entretient à plaisir ce que l'on a appelé « la guerre des sexes ». Le mouvement de libération l'a durcie sans lui apporter autonomie ni ouverture d'esprit. Elle est en général âgée de plus de 40 ans, mais certaines jeunes femmes reprennent le flambeau.

Tant qu'elle aura des comptes à régler avec son père, ses amis d'enfance ou ses partenaires passés, elle ne désarmera pas… et fera fuir les éventuels prétendants. Son animosité s'adresse aux hommes en bloc, sans distinction.

Harpie d'un nouveau genre, cette femme accepte difficilement que, s'il est encore une révolution à mener, c'est au fond d'elle-même.

LE CHARMEUR PASSIF

L'habit du charmeur passif est le plus souvent revêtu par un homme. Las de s'entendre traiter de macho, il a adopté, plus ou moins consciemment, une technique de séduction moins fatigante mais aussi performante que naguère : la passivité.

Le charmeur passif est séduisant sur le mode romantique, il a parfois ce côté pâle et maladif qui émeut beaucoup de femmes. Il ne faut pas attendre de grandes déclarations ni de cadeaux ruineux de sa part ; une certaine façon de proposer une coupe de champagne, sa manière de s'exprimer et surtout ses regards appuyés, veloutés, feront chavirer bien des cœurs. Il sait persuader son interlocutrice que c'est elle qu'il attend depuis toujours, et ce, sans déployer le moindre effort.

Dans une réunion, une soirée, le charmeur passif qui remarque une jolie femme semblera l'ignorer. Si d'aventure il la croise entre les hors-d'œuvre et la piste de danse, il demandera distraitement pardon et poursuivra son chemin. Par contre, il est capable, depuis l'autre bout de la pièce, de décocher à la belle un regard appuyé, sans ambiguïté en ce qui concerne ses projets. Sa proie ainsi appâtée, notre homme quittera la soirée au bras d'une autre.

Persuadées que quelque chose s'est passé entre eux, certaines femmes vont tout faire pour retrouver le charmeur dans les jours qui suivent.

Tout cela est très excitant: le monsieur prend son temps, les silences ne le gênent pas, il laisse souvent sa conquête faire les frais de la conversation. Il ne pose lui-même aucun jalon. Si son interlocutrice lui signifie qu'elle le reverrait avec plaisir, il va soupirer d'aise en cachant sa joie et répondre: «Pourquoi pas?» ou «Quelle bonne idée!», sans plus. On aura compris que ce petit jeu peut durer très longtemps.

Deux solutions: la première est d'entrer chez lui par effraction et de lui sauter dessus - pourquoi pas? - en débarquant fleurs et champagne à la main. La seconde, et sans doute la plus sage, est de les laisser choir - lui et son charme passif - le plus rapidement possible, car le temps ne fera rien à l'affaire.

ALLÔ, FRANÇOISE?

Les femmes vivant seules ont souvent d'interminables conversations téléphoniques avec leurs copines.

Les associations, certains syndicats, divers mouvements féminins ont ouvert aux femmes des lieux de solidarité et d'échanges. On parle fort peu chiffons et ennuis domestiques, mais plutôt sorties, bureau, voyages et... mecs. En se confiant ainsi à leurs semblables, les femmes ont trouvé une façon de dédramatiser les déconvenues sentimentales; à plusieurs, on finit par en rire, alors que seule, on en pleurerait.

Du côté des hommes, cependant, on supporte assez mal ces complicités. Une fois mariées, ces dames doivent d'ailleurs généralement y renoncer. Ces messieurs se doutent que cette solidarité joue parfois à leurs dépens.

J'ignore si le copinage au féminin va dans le sens d'une réconciliation entre les hommes et les femmes. Sans doute vaut-il mieux récriminer contre eux en leur absence, que de les agresser violemment en direct.

ÊTRE OU NE PAS ÊTRE À LA HAUTEUR

Nos grands-mères, sous peine de se voir accuser de dévergondage, étaient tenues d'arriver vierges au mariage. Leurs maris les initiaient à la sensualité. Aujourd'hui, célibat féminin ne rime plus avec virginité et avoir des liaisons est chose courante. Conséquence: les femmes savent faire la différence entre un bon amant et un mauvais.

D'où l'inquiétude de certains messieurs, qui craignent de ne pas être à la hauteur. Ils ont la sensation de subir un examen de passage lors des premières relations sexuelles avec une nouvelle partenaire. Leurs grands-pères étaient les premiers et les seuls, et ils n'avaient pas à soutenir de comparaison en la matière.

Certains hommes hésitent ainsi à passer à l'acte avec des femmes qu'ils perçoivent comme plus compétentes qu'eux. Cette infériorité supposée peut les inhiber sérieusement.

Qu'ils se rassurent: au-delà des performances nocturnes, le test du petit-déjeuner reste déterminant si l'on veut engager une relation durable: aucune nuit prestigieuse à deux ne peut racheter un dialogue morne et fastidieux au réveil. Ou du moins, pas longtemps.

FEMMES POSSESSIVES ET HOMMES SANS PARTAGE

Certaines femmes ne sont satisfaites que lorsqu'elles ont mis le grappin sur un mari. L'inverse existe: il s'agit d'hommes pressés, non pas de mettre une femme dans leur lit – bien que, Dieu merci! cela existe encore – mais de l'installer chez eux. Ce besoin n'est pas seulement d'ordre affectif, mais relève de conceptions profondément ancrées au niveau culturel et social.

Le regard des autres n'épargne pas ces messieurs célibataires, notamment dans le monde du travail où le statut d'homme marié va souvent de pair avec l'obtention des diplômes ou la réussite professionnelle. Le fait d'être quitté par une femme nuit à son image virile de chef de famille, ce qui pousse souvent le divorcé à chercher hâtivement une remplaçante, afin de reconstruire au plus vite son petit monde et son image.

Beaucoup de femmes libres sont ainsi sollicitées pour jouer rapidement les bouche-trous. Le rôle à tenir est celui de Pénélope et de potiche, qu'on se le dise!

Ne donne un baiser, ma mie...

Au cours de leur recherche d'un partenaire, certaines femmes, après une ou deux nuits réussies, voire un week-end à deux, commencent à élaborer des projets conjugaux, ou presque.

Dès le lendemain de leur évasion amoureuse, les voilà qui trépignent devant un téléphone muet. Au bout d'une semaine, l'inquiétude devient agressivité et le prince Charmant, le pire des salauds.

Les relations auraient plus de chances de connaître une suite harmonieuse si les femmes étaient moins fébriles, si elles laissaient aux hommes la place et le temps de s'approcher, sans chercher à les attacher. « On leur fait peur ! », disent-elles parfois. Ils ont peut-être raison.

On disait autrefois que les femmes « se donnaient ». Chez certaines, ce don prend de curieuses allures d'appropriation.

L'exclusivité à sens unique

Beaucoup d'hommes applaudissent sincèrement à la libération des mœurs quand elle les favorise ; dans la pratique, ils préfèrent rester le seul coq du poulailler.

Or une femme est d'autant plus agréable et enjouée qu'elle a un environnement masculin valorisant. Elle sort, les hommes autour d'elle la confortent dans son image de femme séduisante. Célibataire, elle est forcément sollicitée.

On est d'autant plus possessif que l'on se sent en situation d'insécurité. Ce sentiment, qui engendre le besoin de s'approprier l'autre, n'a, à mon avis, rien à voir avec l'amour.

Les hommes et les femmes du type accaparant ajoutent souvent à ce comportement l'art de culpabiliser leur partenaire. On comprend, dans ce cas, les comportements de fuite, car les négociations sont difficiles, voire impossibles.

FEMME D'INTÉRIEUR, FEMME D'EXTÉRIEUR

Les hommes ont toujours su s'évader du foyer pour faire du sport, aller à la chasse, retrouver des copains, participer à des séminaires. La femme, elle, était, jusqu'à une époque relativement récente, vouée à l'intérieur. Elle ne l'est plus vraiment. Elle a découvert, sous l'influence notamment des supports de presse féminins, de nouveaux centres d'intérêt; elle sort de chez elle, participe aux activités de différents clubs, fait des voyages, etc.

Or, beaucoup d'hommes, surtout dans la génération des plus de 50 ans, restent persuadés qu'une femme seule s'ennuie et les attend avec impatience pour animer son emploi du temps.

J'encourage les femmes à privilégier la recherche de leurs centres d'intérêt – j'encourage les hommes aussi, mais ils en ont plus rarement besoin –, et ce, avant de se mettre en quête d'un partenaire au quotidien. Elles y gagneront un dialogue plus riche, plus divertissant. Elles relativiseront la place accordée à l'autre et lui permettront d'aménager les plages de temps dont il a besoin pour lui-même.

Les femmes possessives ont toujours existé. À côté d'elles apparaissent des hommes exclusifs, désorientés et inquiets de voir leurs compagnes négliger leur rôle de gardiennes du foyer au profit d'activités plus enrichissantes.

HOMMES SÉDUITS ET ABANDONNÉS

C'est souvent après 40 ans que les femmes s'échappent. Les enfants sont grands, elles exercent généralement une profession et leur mariage ne les satisfait plus. Elles refusent désormais d'aller de compromis en concessions. Les maris ainsi délaissés n'ont pas été préparés à ce genre de péripétie.

Depuis des siècles, les hommes savaient ce que les femmes ignoraient. Les hommes gagnaient ce que leurs femmes dépensaient. Le XXe siècle a bouleversé ces données. Certains hommes, endormis dans des mariages popotes, n'ont pas suivi le film.

Les batailles gagnées depuis 25 ans bouleversent le champ des relations conjugales. Après un quart de siècle de vie commune à l'abri de telles turbulences, certains maris sont pour le moins surpris de ces revirements rapides. Ils se trouvent profondément déstabilisés par le départ de leur femme.

Il est intéressant d'écouter le discours de ces hommes abandonnés. Ils s'expriment, de manière plus ou moins directe, dans ces termes : « En quoi sommes-nous utiles aux femmes actuellement ? », « Dans quel domaine ont-elles besoin de nous ? ».

Les hommes quittés souffrent d'une double blessure, dans leur amour et dans leur amour-propre. Ils vivent cette situation comme un échec profond et la réhabilitation est difficile.

Certains essaient de comprendre les femmes ; d'autres y renoncent.

SÉDUISANTES, CULTIVÉES ET ISOLÉES

« Séduisantes, cultivées et isolées » est un raccourci qui m'a été inspiré par le titre d'un ouvrage paru il y a quelques années outre-Atlantique : *Belles, intelligentes et seules*. Vaut-il mieux être moche, inculte et en couple ?

Les femmes concernées ont autour de 35 ans. Elles ne sont pas les pionnières du féminisme, mais elles en récoltent les retombées.

Encouragées par leur mère à entreprendre des études supérieures, ces jeunes femmes gèrent leur budget, leurs vacances, leurs sorties, leurs amitiés et leurs relations amoureuses. Exigeantes envers elles-mêmes, elles le sont aussi quand elles décident de construire couple et famille ; elles recherchent un homme séduisant, fiable, bon amant, futur père responsable et gagnant sa vie au moins aussi bien qu'elles.

Or, si beaucoup d'hommes du même âge applaudissent en principe à une telle évolution des femmes, ils ont du mal à envisager de partager leur vie avec elles, craignant de ne pas se montrer à la hauteur. Les performances féminines et les échos qu'en donnent les médias les inquiètent davantage qu'ils ne les attirent.

Et s'il arrive qu'ils soient séduits un soir par celles qui réunissent charme, élégance et sens des responsabilités, ils se voient mal à leurs côtés en qualité de princes consorts. La *superwoman* fait souvent l'objet d'une nouvelle fascination et de fantasmes chez les jeunes hommes ; cela est beaucoup moins le cas chez les quadragénaires. Devant cette « débandade », les femmes restent démunies.

Heureusement, certains hommes font le poids. Ils ont su trouver ailleurs que dans le rapport hommes-femmes l'occasion de prouver leur force. Anne Sinclair ou Denise Bombardier, pour ne citer qu'elles, ont trouvé à qui parler et avec qui vivre.

UNE JUNGLE ET DES FAUVES

Ils et elles se jaugent de loin, chacun derrière son arbre. Fauves blessés ou prêts à bondir, à la fois craintifs et désirants, ils avancent un pied, lancent un regard vers l'autre ; si cet autre répond, on se retranche bien vite à l'abri. Les termes « confiance, fiabilité, fidélité » reviennent souvent dans le discours de ces célibataires.

Derrière chaque femme d'affaires, il peut y avoir une femme douce qui ne demande qu'à être séduite. À ces dames d'y croire et de le prouver, pour que les hommes se rapprochent d'elles, le soir au clair de lune.

LES PÈRES CÉLIBATAIRES

Lors de 80 % des divorces, les enfants sont confiés à la mère. Restent les 20 % : charmants bambins, adolescents rebelles ou grands étudiants qui s'attardent chez papa, ils sont là, témoins d'un passé à la fois heureux et difficile. L'existence de maman est évoquée en permanence ; l'ex-épouse sera d'ailleurs contactée en cas de problème. Les amoureuses de papas célibataires doivent le savoir... et prévoir.

Les pères de jeunes enfants jouent souvent très bien leur rôle et créent des relations de qualité avec les petits. Ils ont d'autant plus de mérite que les collègues de bureau ne leur ménagent pas les quolibets et que leur ancienne épouse ne ferme les yeux sur aucune erreur de parcours. Ils savent langer, bercer, raconter des histoires et pourraient donner des leçons à certaines mères moins attentives ; ils ont découvert un nouveau langage de tendresse, une complicité qu'ils n'avaient pas su créer ou qu'ils avaient peut-être du mal à exprimer en présence de la mère.

Peu de femmes débordent d'affection pour les gamines de 15 ans amoureuses de leur papa, et celles-ci le leur rendent bien. Les papas poules sont à prendre en compte avec leurs enfants.

Comment les femmes « du deuxième tour » peuvent-elles trouver leur place dans ces familles éclatées et néanmoins pleines d'espoir ? Patience, tolérance, sens des nuances et intuition sont indispensables. La nouvelle compagne risque, à travers une mésentente avec les enfants, de blesser son compagnon, qui est d'abord leur père. À lui aussi de savoir faire accepter et adopter sa compagne, puis de définir clairement la place de chacun. L'arrivée de la nouvelle venue doit être préparée, afin qu'elle soit accueillie et non tolérée.

CHERCHEZ LA FEMME

J'ai pu constater que, souvent, dans la vie d'un homme libre et apparemment autonome, une femme a déjà une place. Cela ne signifie pas qu'il est irrésistible. On ne peut pas dire non plus qu'il est véritablement pris en main. C'est beaucoup plus subtil.

Il est un lieu dans la vie ou dans la tête de la plupart des hommes où se tient indéfectiblement une femme toujours prête à l'accueillir. Elle n'apparaît pas officiellement dans sa vie, ne l'accompagne pas dans ses sorties, ne vit pas chez lui. Il est rare qu'ils aient ensemble des relations sexuelles au présent. Ce peut être une ex-épouse, une ancienne maîtresse, une amie de longue date ou, plus rarement, une parente. Qu'elle soit belle ou laide, cette confidente possède ouverture d'esprit et intelligence du cœur.

C'est cette femme que le célibataire appellera, les soirs de déprime, pour se rassurer. Elle sait toutes ses aventures de cœur. C'est près d'elle qu'il se réfugiera lorsque, perturbé par des soucis professionnels ou affectifs, il sera à bout de forces. Ce personnage est toujours au féminin et n'a pas d'équivalent masculin pour la femme solitaire.

L'amoureuse doit essayer de ne pas prendre ombrage de cette relation privilégiée. Plutôt que de partir en guerre contre l'amie spéciale, il est plus prudent de s'en faire une alliée.

QUE SONT LES MACHOS DEVENUS ?

Il faut bien admettre que le XXe siècle a fait la vie dure aux machos. Ceux qui s'accrochent encore à leurs privilèges ne semblent guère se poser de questions. Ce qui est curieux, ce n'est pas qu'ils aient survécu car, après tout, le fait de vouloir préserver un mode de vie indéniablement privilégié paraît logique, mais plutôt qu'ils trouvent encore compagnie féminine pour leurs nuits et pour la vie.

Précisons ici que si être macho, c'est avoir le sens et le goût du pouvoir, ce comportement n'est pas l'apanage des hommes. Certaines femmes savent très bien cultiver ce trait de caractère. Mais on n'a pas inventé de qualificatif pour les désigner.

Pour en revenir à nos machos, il est évident qu'ils trouvent encore des bobonnes prêtes à tout, des résignées filant doux devant leur virile autorité. Il existe des couples, et même des vieux couples, qui fonctionnent selon ce schéma dominant-dominée, chacun semblant y trouver son compte.

Les autres femmes, celles qui n'ont aucun goût particulier pour la soumission, devraient éviter de s'engager dans une relation avec ce personnage. Le vrai macho, celui des cavernes, est facile à repérer : auprès de lui, on se trouve très rapidement privée du droit de choisir, puis de celui de s'exprimer ou de discuter ses décisions ; enfin, on perd son identité.

L'allure et le comportement du macho laissent parfois croire qu'il est plus solide que les autres hommes. Il n'en est rien. C'est parce qu'il a constamment besoin de se rassurer quant à sa propre virilité qu'il joue continuellement les gros bras.

Attention : le macho peut être intelligent et fort séduisant (à noter qu'il n'a pas forcément le type méditerranéen). Il peut avoir du panache et son personnage peut en émouvoir plus d'une… pour un soir. Au-delà, il est invivable. Qu'on se le dise !

La race des machos s'éteindra lorsque aucune femme n'acceptera plus de mêler sa destinée à celle de l'un de ses représentants. Nulle n'est en effet obligée d'en faire à la fois son quotidien et son malheur.

DEUXIÈME PARTIE

La solitude n'est plus ce qu'elle était

Chapitre 4
Apprivoiser la solitude, bannir l'isolement

Se retrouver seul après des années de vie en couple et en famille est une découverte. Lorsqu'on est guéri de ses craintes et de ses vertiges au bord d'un domaine inconnu, on commence à entrouvrir les yeux, à regarder autour de soi, à découvrir un autre paysage.

Pendant plusieurs mois, j'ai connu la peur. Je me voyais au bout d'un plongeoir, sur la pointe des pieds, au-dessus d'une eau dont j'ignorais la profondeur. Je rêvais aussi que j'arrivais sur le palier d'un étage, les portes devant moi étaient entrouvertes, une lueur filtrait de ces pièces inconnues et je n'osais entrer. Derrière moi, l'escalier avait disparu, je ne pouvais plus revenir en arrière.

Je sortais de ma cage et j'abordais un nouveau rivage. D'autres l'avaient fait avant moi et ne semblaient pas s'en porter plus mal. Je m'étais fait des amies célibataires ou divorcées avant de quitter le toit conjugal. Quand j'ai affronté ma nouvelle vie, je me suis sentie soutenue par ces nouvelles amitiés; j'avais mes guides, mon étoile.

J'allais vivre seule, mais pas isolée; l'isolement serait vraiment trop difficile, pour ne pas dire inhumain. Faites bien la différence: vivre seule dans son appartement est souvent un bienfait, pour peu que votre chez-soi ne devienne pas un isoloir coupé du monde. Dans tous les entretiens que j'ai eus avec des hommes et des femmes célibataires, j'ai rencontré des gens heureux, d'autres moins. Toute la différence venait de l'entourage, existant ou non, choisi ou non. Vivez seul, mais entourez-vous, à la distance qui vous convient, d'hommes et de femmes qui vivent comme vous. Profitez au maximum du potentiel de votre vie actuelle. Ne vivez pas dans la nostalgie ou l'espoir d'un couple hypothétique et idéalisé. Vous rencontrerez d'autant plus d'êtres riches intérieurement et heureux de vivre que vous le serez vous-même.

PERSONNALISER SON INTÉRIEUR

Ma première joie de nouvelle célibataire a été de bâtir mon nid, d'en faire un lieu sécurisant et plaisant qui me donne envie de rentrer chez moi. Depuis, j'ai créé d'autres lieux, j'ai modifié l'environnement, les objets décoratifs, les meubles, les plantes, la lumière, etc., au gré de mes déménagements et de mes folies de renouveau.

Dites-vous bien que votre chez-soi est à vous, pour votre bien-être. Que chaque mètre carré soit utilisé, décoré, aménagé selon vos goûts et vos couleurs préférées.

Prévoyez tout pour un petit-déjeuner tonique en douceur. Un plateau bien choisi. La table placée devant une fenêtre où le printemps vous surprendra avec ses chants d'oiseaux. Une tasse que vous aimez pour votre premier café ou thé de la journée. Un grille-pain pour l'odeur du pain chaud. Et toujours une rose sur votre table. Ce luxe est à peu de frais.

Le soir, en rentrant du travail, même si vous pensez ressortir, ménagez-vous une halte dans votre repaire-repère : des sels de bain décoreront la pièce et vous donneront une merveilleuse impression de relaxation. Ayez aussi quelques disques ou cassettes adaptés aux moments de la journée et à votre humeur. Je connais des célibataires qui ont installé des haut-parleurs dans leur salle de bains : des connaisseurs en matière de célibat serein et organisé !

Pour le soir, donc, le bain de détente. Puis le fauteuil – pas forcément celui de pépé-mémé –, d'une bonne consistance, bien orienté et accueillant à souhait. Prenez le temps qu'il faudra pour choisir *votre* fauteuil : plus ou moins dur, plus ou moins rembourré, pas trop chaud pour l'été, ce sera votre coin réconfort. Il doit toujours être prêt à vous prendre dans ses bras ! Je n'ai pu résister à celui appelé « loveuse », sans doute en partie à cause de ce terme ô combien sensuel ! Je m'y love à moitié endormie, tard le soir, en pensant aux lézards au soleil.

Placez à côté de ce nid douillet une table et quelques livres de chevet qui vous tiendront compagnie.

Qu'ai-je oublié ? Votre tableau préféré doit aussi faire partie de votre angle de vue depuis le fauteuil havre de paix. Et peut-être d'autres objets, dont vous appréciez les bienfaits.

Prenez en main votre cadre de vie. Faites-en votre auberge du bonheur. Les autres y viendront volontiers et c'est tant mieux, mais ne vous laissez pas envahir. Choisissez vos relations comme vous avez choisi votre décor : qu'elles soient bien adaptées à une vie positive, portées par l'enthousiasme de chaque nouveau matin. Et, je vous assure, ce n'est pas une question d'âge !

APPRIVOISER LE TEMPS

Le temps que l'on trouve, le temps que l'on prend, les moments inoccupés deviennent richesse et non stérilité. Le temps devient précieux. Nous n'avons pas le droit de le gaspiller, il n'en tient qu'à nous de l'utiliser au mieux de nos goûts et de notre rythme.

Faire de nos heures creuses des moments pleins : le célibataire a du temps libre, plus que les partenaires d'un couple ayant des enfants. Faire que ces temps ne soient pas vides de sens. Ne pas craindre de rester une heure ou deux sans emploi du temps précis. Remplir à tout prix, avec n'importe quoi et n'importe qui, des fins de semaine déjà surchargées de travail peut être aussi néfaste que de rester deux jours sans projets. L'hyperactivité est inutile, car le temps vous rattrapera !

Essayez de passer un peu de temps dans la solitude et l'oisiveté et constatez ce que cela provoque en vous. Faites le point sur vos amitiés, vos amours, votre travail. La méditation, la réflexion ne nuisent pas à la bonne marche de votre vie. Un temps pour agir, un temps pour penser.

Profitez pleinement d'un concert chez vous, mollement installé dans votre fauteuil détente, partez dans votre tête et laissez courir votre imagination. Reposez-vous de l'animation qui vous fait courir le reste du temps. Pas de repas familial à préparer, pas d'enfants à habiller ; économisez-vous. Votre énergie sera décuplée et votre pensée, plus claire. Vous éliminerez les toxines qui encombrent votre tête. Faites-lui prendre un peu d'air !

Notez les réflexions qui vous viennent à l'esprit. Une fois couchés sur le papier, les soucis prennent leur vraie dimension, ce qui veut dire qu'ils sont beaucoup moins dramatiques que lorsqu'ils cavalent en désordre et se bousculent pour trouver une issue. Le lendemain, en relisant vos notes, vous trouverez probablement la solution. Essayez, ça marche !

Classez vos courses, vos besoins, par priorité. Vous vous apercevrez qu'il n'y a pas grand-chose de vraiment urgent.

Même si vous êtes triste ou mélancolique, ce temps est à vous, vivez-le. Il est humain de ressentir la tristesse comme la joie. C'est la preuve que vous êtes bien vibrant ! Laissez vivre vos larmes, personne n'est là pour vous poser de questions. Il est vital de pleurer aussi. C'est la soupape qui vous permet d'éliminer des émotions, comme les rêves. Ne retenez ni votre joie - on peut rire, sourire et chanter seul - ni vos peines. Vous ne risquez rien, personne ne vous menace.

Le temps est précieux. Certains n'en ont jamais assez, pris entre la famille, le travail, les courses à faire et les repas à heures s Solistes, nous avons tout notre temps à nous !

J'ai appris à organiser mes disponibilités, à gérer mes heures de solitude sans aucun autre objectif que de laisser le temps m'imprégner et me porter. Apprivoisez vos heures de calme, elles vous le rendront bien !

SE FAIRE PLAISIR

Mon célibat m'a laissée sans famille support et, au départ, sans beaucoup d'amis. J'ai reçu une éducation austère, j'ai connu une jeunesse plutôt dénuée de gaieté, les rires étaient suspects et rares autour de moi. Le mot « plaisir » n'était jamais prononcé, ou bien il était aussitôt accompagné des frustrations immanquablement liées à une éducation chrétienne mal comprise.

Depuis, j'ai appris à me faire plaisir. Je me suis offert les cadeaux que nul ne pensait à m'offrir.

Pour cela, je dresse en début d'année une liste d'où sont exclus appareils ménagers et autres ustensiles. De vrais cadeaux inutiles ! Au fur et à mesure de mes rentrées d'argent, je m'offre ce qui me fait plaisir. De l'enregistrement d'une musique entendue à la radio jusqu'à la lampe rétro vue chez un antiquaire et que personne n'oserait acquérir tellement elle est kitch !

J'ai aussi appris à m'offrir un très bon restaurant. Je prends mon temps pour examiner la carte d'un bout à l'autre, savourant en imagination tous ces plats aux noms prometteurs: « Saumon belle aurore », « Ris de veau en chiffonnade », « Suprême de volaille en vapeur », « Veloutés », etc. Quand on fait la lecture de ces poèmes gustatifs, il semble que notre palais est déjà imprégné des saveurs de cette bonne chère. L'été, installez-vous en terrasse, face à un site agréable – et pas devant un mur laqué. N'hésitez pas à changer de place : ici aussi, le cadre compte.

Autre plaisir : déchiffrer la carte des vins. J'ai appris à choisir les vins depuis mon divorce. Avant, on choisissait pour moi, je n'avais pas pris le temps d'essayer des vins différents. Maintenant, je sais quel vin j'apprécie avec les huîtres, quel autre avec les papillotes de veau.

Faites-vous la fête. Soyez en contact avec votre assiette d'abord. N'oubliez surtout pas d'être aimable avec le maître d'hôtel, car c'est lui qui va vous gâter ; soignez-le. Votre sourire sera gage de réussite gastronomique. Prenez votre temps. Dégustez le café (avec les truffes au chocolat, bien sûr !) et votre alcool préféré. Comme vous voilà rasséréné après vous être fait vraiment plaisir ! Il n'y a pas de commune mesure entre le repas à deux, où le menu compte un peu ; le repas en groupe, où le menu compte à peine tant l'ambiance de rires et de bavardages remplit l'espace ; et le repas que vous vous offrez à vous-même. De plus, le chef et le maître d'hôtel seront ravis : ils auront un vrai gourmet capable d'apprécier les plats étudiés. Car vous prendrez aussi le temps de déguster, bouchée après bouchée, gorgée après gorgée, ces mets délicieux qui vous passent partout.

Et un bijou ? Vous êtes-vous déjà offert un bracelet, une montre ? Avez-vous déjà traîné devant de nombreuses vitrines avant de vous décider enfin à vous parer d'un joyau que vous ne devez qu'à vous-même ? Quel plaisir (défendu ?) !

Et la pièce de théâtre à voir ? Le musée, l'exposition qui vous attendent ? Ne vous en privez pas. Vous vous ferez des souvenirs tout en vous cultivant. Vous avez toute la disponibilité nécessaire pour cela. Et aucune excuse pour rester immuablement figé sur de vieilles connaissances périmées. Vous pouvez toujours être plus performant. Il paraît que nous n'utilisons que 20 % de notre potentiel intellectuel. Le célibataire est impardonnable d'en rester là !

J'ai aussi découvert le désir d'être avec d'autres, avec un autre, plutôt que de retrouver toujours les mêmes figures ou relations de longue date, à qui l'on finit par ne plus rien avoir à dire. Après quelques jours de calme passés à m'adapter, à apprivoiser ma nouvelle vie, j'ai ressenti l'envie de faire un souper chez moi. Les chandelles, la nappe, les roses… et un nouvel ami, découvert depuis peu, à qui j'ai eu enfin l'audace de téléphoner : « Je vous ai rencontré chez les Untel, vous me plaisez, on peut se revoir ? » À mes risques et périls. Le monsieur a dit oui. Nous nous sommes revus en balade, au grand air. Puis j'ai fait ce petit dîner de charme. Quelle mise en scène ! Que d'heures passées à l'imaginer, à inventer le décor, les plats, la musique et ma tenue !

À midi, le dimanche, téléphonez impromptu à quelques amis solistes comme nous et improvisez un brunch, mi-petit-déjeuner, mi-repas de midi, chacun apportant une partie du festin. Essayez, vous verrez que votre appel sera bienvenu !

J'ai aussi appris les folies douces, c'est-à-dire tout ce que l'on peut faire sans rien demander à personne. Partir à La Rochelle ou en Provence sur un coup de tête, un besoin d'air. Juste le bureau à prévenir, à moins que vous n'ayez pris aussi vos distances par rapport au salariat.

Un soir, allez à l'hôtel dans votre ville. Un hôtel qui soit, bien sûr, encore plus accueillant que chez vous (lisez les guides). Je l'ai fait lorsque je n'avais ni le temps ni l'argent pour partir en vacances. Je me suis offert plusieurs fois un hôtel de charme, avec petit-déjeuner sous les marronniers et grande salle de bains. Comme ça, au dernier moment, histoire de me dépayser pour pas trop cher et de me faire servir. Je sais que cela peut surprendre, et alors ? Je n'ai de comptes à rendre à personne, chacun ses goûts !

SE DÉPASSER

On consacre au moins huit heures de sa journée à son travail : un tiers de sa vie ! Beaucoup de gens n'ont pas le temps de se demander si le métier qu'ils ont choisi à 20 ans leur convient vraiment. C'est une question tout à fait incongrue pour certains. Une vie, toujours les mêmes relations, toujours la même profession : la sécurité verrouillée ; une sécurité qui pour moi ressemble à l'enfermement.

Qui vous retient de vous recycler, de vous former à un autre travail ? Qui va entraver votre besoin de partir en mission ? D'avoir un métier itinérant (souvent beaucoup mieux payé) ? Ces questions, vos moments de méditation relaxation dans votre fauteuil miracle vont vous les souffler. Vous ne pouvez continuer à vous ennuyer le tiers de votre temps avec les mêmes têtes jusqu'à la retraite. Secouez-vous ! Travailler dans une librairie ? Interviewer des personnalités ? Explorez toutes les formations qui existent, en soirée, le week-end. Contactez des personnes faisant ces métiers (un excellent moyen de faire de nouvelles rencontres). Et repartez de zéro. Même si votre salaire baisse dans un premier temps, un nouveau souffle va s'emparer de vous. Se retrouver étudiant, débutant, rajeunit. Savoir qu'on a toujours des choses à apprendre maintient l'esprit en état d'alerte et de vivacité. Quiconque reste curieux et actif intellectuellement ne vieillit pas, ou moins vite !

Vous pouvez aussi voyager. Personne ne vous attend, sachez en profiter !

En huit ans, j'ai exploité mes possibilités dans plusieurs métiers : éducatrice spécialisée (délinquance, cas sociaux, malades mentaux : trois ans d'études), placement d'espaces publicitaires, études de marché et même vente de villas au bord de mer.

Si, grâce à un recyclage ou à une promotion à travers une formation, vous avez la sensation de renaître, vous gagnerez un bien-être dans un travail nouveau plus agréable.

Votre disponibilité doit vous rendre plus créatif et favoriser votre pouvoir de concentration, loin des soucis parasites.

J'ai aussi appris à mieux connaître mes forces et mes faiblesses, mon potentiel et les limites à ne pas dépasser afin de préserver mon équilibre. Pas toujours dans la facilité. J'ai traversé des étapes pénibles, à tourner en rond sans trouver d'issue. Pour en sortir, j'ai dû me documenter, me donner les moyens de faire face, suivre des programmes de formation en groupe, avoir des entretiens avec des personnes spécialisées sur les sujets qui mobilisaient mon esprit et bloquaient mon élan.

Il faut savoir par ailleurs que les événements arrivent et ne dépendent pas entièrement de nous. À nous d'en faire un avenir positif ou négatif. À nous de choisir de sombrer dans la mélancolie ou de comprendre ce qui se passe et ce que nous ne maîtrisons pas. C'est curieux à quel point on fait confiance à un garagiste, si un grain de sable s'immisce dans le moteur, et combien on tergiverse avant d'aller voir un spécialiste des questions psychologiques, quand on tourne en rond dans sa tête. Pourtant, ces gens-là sont formés, experts et distanciés par rapport à nous et à notre marécage. On les paie pour nous aider à y voir clair ! Sachons les utiliser !

S'ENTOURER D'AMIS

À travers loisirs, formations, stages, vous vous constituerez un environnement d'amis, vital pour votre équilibre. Personne ne peut tenir le coup, sauf en cas de sublimation complète et authentique, sans un réseau d'amis. Posez des jalons, prenez des initiatives, demandez des adresses, des numéros de téléphone à qui vous plaît. Ne restez pas dans le regret d'ignorer les coordonnées de quelqu'un avec qui vous avez partagé des goûts ou un discours commun et que vous ne reverrez jamais si vous n'osez pas demander.

Proposez des balades, des rencontres, des vacances. Le temps des préparatifs, vous aurez passé des moments à échanger, à rire, à vous connaître. Dans certains hebdomadaires, vous pouvez publier des annonces pour ce genre de partages. Ne vous en privez pas ! Donnez le premier rendez-vous dans un bistrot, si vous craignez des suites fâcheuses, mais allez-y, foncez ! Personne ne foncera à votre place, vous pouvez en être sûr.

Il s'agit de ne plus se piéger dans les « Il faut qu'on… », « Il n'y a qu'à… », mais de se prendre en main pour proposer, innover, accueillir, rencontrer, tout et toujours apprendre de la vie. Elle vous le rendra bien !

Qui vous empêche de mieux communiquer ? D'avoir des amis de qualité ? D'établir une ou plusieurs relations amoureuses ? Être célibataire, c'est avoir la possibilité de vivre en couple de temps en temps. Faites-le si vous en avez envie. Tout dépend de votre désir et de votre faculté à communiquer. Croyez-moi, cela s'apprend et se développe.

LE CÉLIBAT, ÇA S'ORGANISE

Condition indispensable pour organiser son célibat : aménager le temps libre. Ne vous laissez pas surprendre par plusieurs soirées ou week-ends sans aucun projet.

Utilisez vos périodes de loisirs de manière personnalisée, avec des moments seul, à deux, en groupe, chez soi ou au-dehors. Le temps à laisser à l'improvisation est variable pour chacun de nous. Certains ont besoin de planifier tout, d'autres ignorent les projets et partent à l'aventure le dimanche matin ou au gré du vent pour les vacances. N'en abusons pas… sauf en période d'optimisme inébranlable ! À chacun son seuil de tolérance : apprenez à connaître le vôtre. Si le rail, le chemin tout tracé est votre formule préférée, programmez-vous un emploi du temps serré, quitte à le modifier ensuite. Cela vous rassurera.

Si, au contraire, un cadre rigide vous fait fuir ou vous étouffe, faites la liste de ce que vous aimez faire ou de ce que vous aimeriez faire. Et sachez que le conditionnel doit être rayé de votre vocabulaire, tout est possible: il y a des leçons de cheval et de golf à tous les prix, les heures de pilotage d'hélicoptère se partagent à plusieurs, etc. Pensez au temps nécessaire pour régler l'administration de votre vie quotidienne: lettres, factures, courses dans les magasins (à éviter absolument aux jours et aux heures où les familles s'y bousculent). Vous n'êtes pas pressé: prenez le temps de faire vos achats pendant que d'autres s'agglutinent dans les transports en commun, courent chercher les enfants à l'école ou préparent le dîner pour six ou sept personnes.

Prévoyez, le cas échéant, selon vos disponibilités et vos finances, du temps pour faire un peu de prospection dans Internet ou rédiger des petites annonces. En établissant un tableau, vous verrez que vos heures sont bien remplies et que vous n'avez guère le temps de vous ennuyer.

Commencez par dresser la liste complète de vos centres d'intérêt. Pensez à tout ce que vous avez toujours voulu faire mais que vous n'avez jamais osé faire. Oubliez les barrières: elles sont pour la plupart factices, il y a toujours une solution. Sauf s'il y a des cas d'urgence, inscrivez en dernier sur votre feuille les visites obligatoires à la famille, surtout si votre clan ne comprend pas votre vie actuelle et que vous vous sentez marginal, voire paria, à son contact.

Faites le même travail pour les week-ends, en sachant que vous pouvez partir deux jours sans rien dire à personne (sauf à l'heureux élu, si vous souhaitez partir accompagnée). Pour les vacances, pas besoin de vous précipiter sur les mois de juillet et août. Juin, septembre et octobre sont délicieux dans beaucoup de régions. Vous y rencontrerez des célibataires qui, comme vous, avisés ne voient pas pourquoi ils paieraient leur séjour plus cher pour se retrouver piégés dans les embouteillages, se faire servir au lance-pierres dans les restaurants et se faire écraser le nez par le ballon d'un enfant quand ils essaient de se relaxer au soleil!

Grâce aux recettes de rencontres, aux annonces, à Internet, vous seriez impardonnable de ne pas avoir de réseau d'amis ou d'amies. Que diriez-vous de passer avec eux quelques jours (pas trop, si vous les connaissez peu) dans un gîte rural? Ces endroits sont bien situés, peu onéreux et procurent du bon temps. Les divorcés amèneront leurs enfants (pas trop, non plus). On reprendra le rythme des vacances de jeunesse, les soirées à jouer aux cartes, à contempler le feu de foyer et à manger les pommes de terre sous la cendre. Vous arriverez bien à dénicher un joueur de guitare pour animer les soirées!

Si vous avez repéré plusieurs hommes sympathiques - que vous ne souhaitez pas forcément mettre dans votre lit -, prévoyez un repas, au restaurant ou chez vous (à frais partagés, c'est entré dans les mœurs!) avec des copines susceptibles de vous rendre la pareille, bien sûr.

Voici une liste d'exemples d'activités et de centres d'intérêt.

Ce que j'aime faire

- Voir un film par semaine;
- assister à une pièce de théâtre par mois;
- regarder la télévision, des émissions prioritaires;
- faire du tricot ou du bricolage;
- lire;
- jouer du piano, faire de la musique;
- faire du yoga.

Ce que je n'ai jamais osé faire, mais dont j'ai très envie

- Apprendre à danser;
- faire de l'escalade, de l'escrime;
- parler russe;
- organiser chez moi, une fois par mois, une journée portes ouvertes où chacune amène une nouvelle relation, buffet en commun;
- peindre en extérieur des sites, des paysages.

Les « inévitables » (temps à limiter au minimum)

- M'occuper des lettres, des factures, des coups de téléphone délicats;
- rendre visite aux parents et à la famille;
- faire le ménage, le lavage, les courses (pensez aux surgelés à stocker).

Pour les week-ends

- Penser à l'esthétisme, à la forme, à se gâter;
- prendre le temps de flâner ou de marcher à la campagne;
- partir: seul mais avec un objectif (musées, sites à visiter); à deux, si cela se présente (à vous de proposer); à plusieurs, dans la maison de campagne d'un ami ou en location collective;
- réviser le russe, le piano;
- s'installer pour peindre dans un joli coin;
- revoir son agenda: rayer des noms, compléter la liste et appeler les gens qu'on a un peu perdus de vue.

Si cela vous sécurise, affichez un tableau comme celui ci-dessous pour vous repérer.

Lundi soir:	choisir mes disques préférés, tricoter, dresser la liste de mes plaisirs du week-end pour ne pas les oublier.
Mardi soir:	regarder mon émission de télévision préférée, brancher le répondeur pour ne pas être dérangé.
Mercredi soir:	aller à mon cours de danse. S'il y a des partenaires intéressants, proposer de dîner ensemble. Sinon, jeter un coup d'œil sur les sites de rencontre par Internet, toujours avec prudence et compétence *(voir la rubrique consacrée à ce sujet à la page 115)*.
Jeudi soir:	aller dans les magasins, à la bibliothèque; lire.
Vendredi soir:	assister à mon cours de russe. Appeler des amis pour prévoir de la compagnie pendant le week-end.

UN BRIN D'IMPROVISATION

J'espère pour vous que cet emploi du temps déjà bien rempli se verra modifié par une invitation impromptue à dîner.

Et le week-end? Apprenez à le mitonner. Prenez du temps pour entretenir votre forme: gymnastique, sport, soins esthétiques, bain de mousse, shampooing, masque, etc., sans oublier un peu de yoga le samedi. Préparez un bon petit-déjeuner gourmand (pour deux, on ne sait jamais!), disposé sur un joli plateau avec une rose, vos confitures préférées et Vivaldi en toile de fond. Savourez-le tranquillement. Ensuite? Balade, cinéma, restaurant ou théâtre (organisés dès le vendredi soir par téléphone) à partager avec ami, au singulier ou au pluriel. Vous pouvez aussi réviser vos leçons d'anglais ou de flûte, vous installer dans un joli coin pour peindre ou préparer une journée «portes ouvertes»: appelez vos relations, la règle étant qu'elles n'amènent jamais la même personne, afin d'élargir votre cercle convivial.

N'oubliez pas la mise en scène. Si vous recevez chez vous un homme susceptible de devenir important dans votre vie sentimentale, prenez le temps d'aménager l'espace: des fleurs (ils n'en apportent pas toujours), des chandelles, une nappe romantique et de la musique douce ne nuiront pas à votre image et adouciront d'emblée les rapports.

Et faites parfois la fête entre copines. Je me souviens de soirées très gaies qui se sont terminées à l'aube, ma meilleure amie et moi entourées de l'orchestre au grand complet ne jouant que pour nous!

Une autre fois, nous étions trois à nous retrouver, après deux ans d'errance chacune dans son coin de France, et à nous raconter joyeusement les souvenirs de toutes ces années. Que de confidences en retard! Un homme seul à une table nous regardait et nous écoutait. Il ne pouvait s'empêcher de sourire tellement nos souvenirs d'anciennes combattantes étaient vivaces et éloquents. Jusqu'au moment où il se leva et nous dit avec un fort accent québécois (que j'adore!): «Excusez-moi, mais c'est tellement drôle, tout ce que vous racontez ; j'ai envie d'être à votre table ! » C'était un metteur en scène de Montréal. Nous échangeâmes une correspondance tendre pendant quelques mois : délicieux souvenirs d'écriture poétique…

DES VACANCES À RÉUSSIR

Quatre ou cinq semaines entièrement à vous, ce n'est pas toujours évident à remplir !

Si vous aimez vous replier dans l'atmosphère familiale pendant un mois, alors bravo ! Mais si vous ne supportez pas ce genre de vacances plus de huit jours, si l'on vous prend pour la nounou de service, si vous n'entendez parler que de couches et de manuels scolaires, sans oublier les ébats des jeunes mariés dans la chambre à côté, il y a sûrement mieux à faire.

Partir seule ? Pourquoi pas… À moins que vous ayez rencontré en mai ou en juin le compagnon de voyage idéal, avec des goûts similaires. Mais n'allez surtout pas vous retrouver dans un camping au mois d'août, sur une plage bruyante et assommée de chaleur, alors que vos projets à vous avaient plutôt la forme d'un trekking au pôle Nord avec un petit groupe d'amis. Tout cela pour un homme que vous connaissez à peine, avec qui vous avez pris un pot avant-hier et dont le physique ne vous émeut pas vraiment. En tout cas, pas pour longtemps. Essayez de le garder au chaud pour la rentrée, une carte postale sera la bienvenue !

Donc, si vous n'avez pas en tête un partenaire avec lequel vous êtes sûre de pouvoir passer 15 jours idylliques, il faut absolument vous fixer un objectif et prévoir un voyage à thème ou comportant un centre d'intérêt évident pour vous. Relisez votre liste et voyez quelles destinations (le choix est illimité !) correspondent à vos goûts en réunissant vacances, culture, loisirs et rencontres.

L'important, c'est de ne pas sécher toute seule sur une plage pendant deux ou trois semaines, pile ou face, en regardant ceux qui se prennent par la main le soir. Ne comptez pas trop sur les rencontres de plage. C'est aléatoire et rien ne vous empêche de faire connaissance avec quelqu'un de très bien au cours de votre tourisme culturel. Bien sûr, vous ne prendrez pas vos vacances dans la cohue de juillet à août, sauf si vous êtes vraiment masochiste. Profitez de cet avantage de la vie de célibataire ! D'autant que tout est moins cher en basse saison. Juin, septembre et octobre sont des mois délicieux dans bien des contrées. Janvier et février sont des moments privilégiés aux Antilles ou aux sports d'hiver. Les seules raisons qui pourraient vous obliger à vous agglutiner au troupeau sur les routes, dans les trains et les restaurants seraient :

- d'avoir vous-même des enfants d'âge scolaire ;
- de vouloir vous faire repérer comme isolée, marginale, histoire de vous convaincre que vous êtes suspecte, voire paria parmi les familles ;
- d'apprécier la compagnie des enseignants ou des étudiants ;
- d'aimer être entourée par les enfants des autres, quitte à servir de baby-sitter sur la plage et le soir ;
- d'être enseignant.

Si vous faites partie d'une de ces catégories de célibataires, prenez la route dès le 1er juillet – mieux, le 1er août – et ne soyez pas surprise de ne trouver aucune chambre pour une personne ou d'avoir une table à l'écart derrière un pilier. Ne vous plaignez pas d'attraper des coups de soleil ou des ballons lancés de plein fouet par ces chers bambins, de trouver votre serviette de bain maculée par l'esquimau ou le cornet de crème glacée du gamin d'à côté ou de recevoir un nuage de sable sur votre peau fraîchement huilée, quitte à ressembler à une escalope panée.

Et ne dites pas en rentrant, éreintée : « En vacances, je ne rencontre jamais personne, il n'y a pas de célibataires. » Tous ne sont pas assez masos pour se retrouver dans une ambiance familiale aussi « chaleureuse ». Il sera bien temps quand il s'agira de leurs propres enfants ! Certes vous aurez été entourée, mais peu courtisée.

Vous aurez eu droit aux regards pleins de commisération en direction de votre petite table de pensionnaire seule, ou, si vous arrivez gaiement au petit-déjeuner, aux regards envieux sur votre forme. Et attention aux confidences ! Dès qu'on pourra vous aborder pour bavarder – histoire de tenir compagnie à cette pauvre personne seule – vous entendrez ces discours pleins d'entrain: «Vous savez, je viens ici pour mes enfants, pour moi, ce ne sont pas des vacances», ou bien: «Mon mari adore ce coin, il est passionné de planche à voile. Moi, je tricote et je fais faire les devoirs de vacances.»

Célibataires en vacances, nous sommes très sollicitées comme déversoir de confidences. Il est même difficile de lire tranquillement au creux d'un fauteuil retiré dans un coin du jardin ou de faire une balade seule: «Vous voulez bien que je vous accompagne?» et de vous emboîter le pas avant que vous ayez répondu!

On tient à vous tenir compagnie. N'oubliez pas que le besoin de solitude semble louche. Si vous refusez, même très poliment, à votre accompagnateur ou accompagnatrice, vous risquez de n'être plus saluée le matin en entrant dans la salle à manger. Repérée, vous dis-je!

Bref, à la fin de vos vacances, vous saurez tout de la vie privée des ménages et des maladies infantiles attrapées cet hiver par Julie et Paul: «Deux coqueluches en même temps, l'enfer!»

Il est probable que vous y aurez laissé le peu de tonus que vous aviez en partant. N'ayant vécu ni les avantages du célibat ni ceux de la vie de couple, vous reviendrez pessimiste en ce qui concerne les deux situations. Vous aurez sans doute fait des progrès en construction de châteaux de sable et au jeu de l'oie, mais vous serez persuadée de n'avoir qu'un avenir de tante au service de ses neveux. Si c'est cela que vous souhaitez, c'est facile! Sinon, les solutions ne manquent pas.

Les voyages forment le célibat

Choisissez pendant l'hiver un pays inconnu à visiter. Rêvez un peu sur votre atlas. Collectionnez les brochures, guides, tarifs. Réunissez des amis et des inconnus ayant visité ce pays. Vous pouvez mettre une annonce dans ce sens dans un journal de votre choix. Cela vous fournira déjà une ou plusieurs soirées intéressantes, chez vous ou au restaurant, si vous ne souhaitez pas révéler votre adresse tout de suite et à tous.

Je me suis prise pour une aventurière, et même carrément pour une pionnière, lorsque j'ai pris le Transcanadien et les autocars Greyhound toute seule dans les montagnes Rocheuses. Partie à Montréal, où j'avais une amie, je n'ai pu résister à l'envie de traverser le pays entier pour tremper un pied dans le Pacifique. Rien ne m'aurait retenue, même pas mon anglais défaillant. J'avais une *roomette* (petite chambre) dans le train et, durant quatre jours et quatre nuits, j'ai découvert un pays surprenant par sa diversité. À peine réveillée, je me collais à la fenêtre : un matin, c'étaient les forêts ; l'autre, le désert ; ensuite, les hautes montagnes. Un wagon entier était couvert de parois transparentes. On traversait des canyons, la locomotive sifflait comme dans les westerns. Dans les petites gares isolées du désert, les hommes portaient des chapeaux de cow-boys, de gros ceinturons et des bottes à éperons. Quel rêve de cinéma que ce voyage ! Parce que je suis française et célibataire, des voyageurs s'adressaient à moi. Les gens nous parlent davantage à l'étranger lorsque l'on est seul. Ils s'étonnent du fait que certaines personnes voyagent en solo. On se prend pour Christophe Colomb lui-même ! Un professeur de musique, très bien de sa personne, me courtisa très sagement (une *roomette* doit faire 1,50 m sur 1 m !).

Savez-vous que lorsqu'un Québécois vous demande l'heure, c'est vraiment pour connaître l'heure ? Tout est dit directement dans ce pays. Si l'on veut faire l'amour avec vous, on vous le dira tout aussi simplement. Le ou la touriste peuvent aussi le demander, à moins que leurs mœurs européennes ne soient irrémédiablement ancrées ! Bref, ce voyage me laisse un très bon souvenir de trois semaines en solitaire.

Pourquoi ne pas louer une maison avec des amis ? Attention, c'est une opération délicate, suspendue aux décisions de chacun, aux idylles qui se nouent et se dénouent entre les réservations et le départ. Faire payer d'avance me semble plus prudent. Il faut mettre sur pied une bonne organisation, mais on a tout le printemps pour ça.

Et les clubs de vacances? Certains sont réputés comme étant des lieux de festivités, de rencontres et de plaisirs prestigieux. Alors là, attention! Beaucoup de couples s'accordent une fois l'an, pendant 15 jours, une récréation réciproque. C'est la trêve: tout y est permis, *a priori*. D'autres, qui ne sont pas en couples, mais pas plus gais pour autant, sont persuadés que, dès qu'ils auront mis le pied dans ces sites idylliques, ils feront de leurs rêves une réalité, ils se changeront en vamps bronzées souriantes et en play-boys irrésistibles. Ici, tout doit réussir. Et de s'imaginer en train de danser un slow langoureux au bord de la plage, au son de rythmes polynésiens sous le vent de palmiers caressants.

Eh bien non, cela ne suffit pas! J'y ai rencontré bon nombre de tristounets et de tristounettes, sans compter maris et épouses trop occupés à surveiller le conjoint pour profiter sainement de leur semi-liberté. Il faudrait se mettre en condition avant le départ par quelques exercices adaptés, favorisant une communication réelle. L'ambiance ne suffit pas pour être du jour au lendemain le sosie de Brad Pitt!

Et le voyage itinérant, y avez-vous pensé? Beaucoup de voyagistes proposent des trekkings (fatigants et demandant un sérieux entraînement), mais aussi des balades en Land Rover dans le désert. À six ou huit par voiture, avec des nuits à la belle étoile, vous avez des chances d'y rencontrer d'autres célibataires, sportifs et avides de découverte. Choisissez des circuits hors des sentiers battus: vous y rencontrerez des personnages eux-mêmes hors du commun et vous y apprendrez toujours quelque chose. Les guides sont souvent charmants et vous feront parfaitement connaître le pays. D'ailleurs, on n'apprend jamais aussi bien une langue… que par amour!

Et à plusieurs copains ou copines, avez-vous essayé? Je me souviens de fous rires en Sicile, d'autres en Allemagne, vacances que notre complicité a rendues mémorables.

Si vous devez restreindre vos finances, ou les utiliser à d'autres fins, vous en avez aussi le droit. Savez-vous qu'on peut s'évader en restant chez soi? Savez-vous que vous n'êtes pas obligé de suivre la cohorte des touristes? Que vous n'avez à demander l'avis de personne pour organiser des vacances à domicile?

Profitez-en pour faire la connaissance de votre ville.

Préparez pour chaque jour un itinéraire, découvrez un nouveau restaurant, un petit musée. Rattrapez votre retard de films. Écrivez vos mémoires. Prenez des notes, des photos de vos randonnées. Rien ne vous empêche d'aller à quelques kilomètres au-delà de votre territoire. Louez une voiture ou prenez un vélo. Changez de rythme, ne prenez plus votre chemin habituel du domicile au lieu de travail, accordez-vous de la fantaisie. Vous aurez eu des vacances bien à vous, pas chères et sûrement instructives!

En un mot, accordez-vous tout ce que vous ne pourriez pas vous accorder autrement que dans le célibat.

Dites-vous que vous pouvez tout faire, sans rien demander à personne!

Flotter dans un bain de mousse en écoutant de nouveaux disques achetés sur le budget vacances et s'envelopper dans un peignoir de bain soyeux et doux sur la peau, n'est-ce pas le paradis à domicile?

Mon célibat à moi

Mon célibat à moi, il est fait de temps forts, de fragilités, de confrontations avec moi-même. De moments de solitude aussi, que je recherche quand tout va trop vite: trop de nouveautés, de découvertes grisantes, de relations. Alors j'essaie de faire le point, seule. Parfois, je fixe sur le papier les difficultés que je rencontre. Un jour, j'ai ouvert un cahier, le cahier des «plus». Tous les soirs, j'y écrivais uniquement les points positifs de ma journée.

Ainsi, j'ai reconstruit pas à pas un univers en marche. Une page tournée, une autre à écrire. Les «plus» se multipliaient et, un jour, je n'ai plus eu besoin du cahier: la vie avait pris le dessus.

Mon célibat à moi, il est fait d'improvisations. Le coup de téléphone inattendu, la sortie joyeuse alors qu'on s'apprêtait à grignoter des chips devant la télé. Le coup de téléphone qu'on ose donner, impromptu, pour voir si le nouvel ami entrevu il y a 15 jours se souvient de vous. Le cœur qui bat un peu plus fort. Cela sonne occupé. Questions : « Avec qui est-il en conversation ? Une ancienne petite amie ? Une nouvelle ? Je ne lui ai fait aucun effet. Vais-je me décourager ? Ce genre de difficultés m'exciterait plutôt. C'est fou d'être aussi bavard. Il doit régler un problème, peut-être une rupture… La place est prise ! »

« Enfin, j'entends sa voix. Distraite ? Intéressée ? Émue ? Surprise ? L'aurais-je dérangé ? » Que de questions sans réponses ! Un rendez-vous et la partie d'émotions continuera quelque temps. Avec les coups de fil aux copines entretemps : « Il m'a dit : "…", qu'en penses-tu ? À ton avis, s'il me propose un dîner, quelle attitude dois-je avoir ? L'air d'être habituée ? Blasée ? Intimidée ? Risquer le charme ? La séduction ? Et me retrouver embarrassée dans sa voiture, devant chez moi, vers minuit ? Et si là, tout à coup, il arrêtait le moteur ? »

Voilà de quoi occuper quelques heures et se sentir vivante, même si ces instants ne sont que des instants. Mieux vaut les vivre comme tels. La vie a ses secrets et notre avenir est à découvrir. Il ne faut pas le brusquer. Une histoire à deux dure si elle doit durer, vous n'y pouvez rien au départ. Et même si elle est éphémère, elle vous donne des instants de rêve, le temps d'être sûr que vous vibrez toujours, qu'une voix peut encore vous émouvoir, que l'attente d'un rendez-vous vous fait palpiter. Quel sentiment d'exister ! Tout est possible à qui vit ses émotions jusqu'au bout, à qui sait rire et pleurer, à qui n'étouffe pas ses désirs sous une carapace isoloir.

Mon célibat à moi, il est fait d'idées qui me viennent parce que personne ne les juge. Il est fait de week-ends à la campagne dans un gîte rural loué au dernier moment avec une dizaine d'amis contactés le vendredi. Les divorcés amènent leurs enfants. On fait les courses au marché du village, la vaisselle en commun, les parties de cartes… pendant que certains s'isolent à deux dans le grenier. Le mois suivant, un autre prendra l'initiative, il y aura de nouveaux participants, on élargira l'horizon. On fera des projets de locations pour l'été. On peut rêver.

Mon célibat à moi, il me plaît, la plupart du temps. Il me permet de travailler tard, quand mon travail me passionne. De me déplacer, de découvrir des paysages, des hôtels de campagne, à travers un métier qui n'est plus sédentaire.

Il me permet aussi et surtout de choisir seule, et pour moi seulement, ce qui me va.

Repartir de zéro, après quarante-cinq ans, dans sa vie privée et professionnelle, c'est possible. Difficile, mais exaltant! Pourtant, je sais ce que c'est que de trouver dans sa boîte aux lettres une collection de factures. De faire avec réticence, retard et angoisse, des soustractions sur un chéquier déjà négatif. De pointer au chômage. De se réveiller avec le bruit du métro aérien à cinq heures du matin. De rester tout l'été en ville, de les voir partir, de les voir rentrer, bronzés, avec leurs récits de vacances. Je connais tout cela, mon célibat n'a pas commencé dans la douceur et l'opulence. La sécurité, je l'avais abandonnée en même temps qu'un avenir morose. Et jamais, jamais, depuis que je vis seule, je n'ai eu un regret pour ce passé certes confortable, mais devenu médiocre et stérile. Mon célibat, c'est de savoir que rien ni personne ne m'enferme, que ma vie m'appartient et que l'espoir existe. Une page est tournée. La prochaine est là, devant moi, toute blanche. C'est à moi de l'écrire. Et à vous aussi, amis célibataires. Je veux, par ce livre, vous y aider.

TROISIÈME PARTIE

Le court terme : des idylles aux ruptures

Chapitre 5

Rencontrer quelqu'un : où et comment ?

Les lieux qui favorisent les rencontres sont innombrables et se multiplient. À vous, Mesdames et Messieurs, d'effectuer un tri parmi les pistes que je vais vous signaler. À vous de trouver d'autres itinéraires, d'autres stratégies, et d'en faire profiter les amis. Pourquoi ne pas consacrer un dimanche, voire un week-end, à ce projet de recherche ? Vous ne perdrez pas votre temps. Il ne vous est pas interdit de prendre des notes, entre deux moments d'émotion, pour perfectionner votre style. Et surtout, ne croyez pas qu'il s'agisse d'une méthodologie froide et lucide. Une telle journée est pleine de surprises, l'imprévu est au rendez-vous.

CÔTÉ FEMMES

Ne lisez pas ceci, Messieurs ! Cette rubrique est réservée aux femmes. J'entends souvent autour de moi des femmes qui se plaignent de toujours manger seules, de passer leurs soirées et leurs week-ends seules. Il y a là matière à réflexion. Comment, alors que l'on vit au cœur d'une grande ville ou à proximité d'un grand centre, peut-on se désoler de ne pas faire de rencontres ?

Ils sont bien quelque part, les milliers d'hommes seuls. Restent-ils tous terrés chez eux ? Mais non. Ils sont partout. À vous de les repérer.

Les préparatifs

Après vous être dit bonjour en souriant dans la glace, apprêtez-vous avec soin et recherche, mais en privilégiant le confort. Vous risquez de marcher longtemps : pas de talons aiguilles ni de jupe étroite. Soyez ravissante, certes, mais ni vamp ni cheftaine, simplement un peu « lunaire ». Tout est dans les nuances. Soyez à l'aise : évitez la jupe brillante au niveau des rondeurs ou encore les chaussures de randonnée. N'expérimentez pas ce jour-là un nouveau mascara prétendument « incoulable ». Bref, ayez le mouvement, la démarche et les gestes dégagés.

Le coup d'œil lancé dans le miroir en partant doit être pleinement rassurant. Si, malgré une heure et demie d'essayage de votre garde-robe au complet étalée sur le lit, vous n'êtes pas satisfaite, renoncez pour aujourd'hui. Ce n'est pas un jour faste. Mais si les critères requis sont atteints, si votre miroir vous donne des ailes, envolez-vous !

Dans la rue

Ne choisissez pas au hasard le quartier de vos pérégrinations ; choisissez-le en fonction des gens que vous avez envie de rencontrer, que ce soit à Paris, à Montréal ou ailleurs.

Une fois que vous avez choisi votre champ d'action, allez-y ! Aux beaux jours, de préférence, flânez le nez en l'air, le sourire latent – mais pas béat ! Cette attitude est si rare dans une grande ville que, déjà, vous ne passerez pas inaperçue. Faites comme si vous humiez l'air du temps, adoptez une attitude extrêmement disponible – mais pas du style gibier ! Ne marchez ni trop vite (ce n'est pas le parcours de la combattante), ni trop lentement (c'est louche et à la limite du mauvais genre). Vous respirez la plus grande décontraction, même si cette aisance vous a demandé des heures de préparation : maquillage, habillement et, au besoin, une séance de relaxation ou de yoga. Mettez toutes les chances de votre côté, ne négligez rien dans la présentation et la mise en scène ! Vous avez une démarche souple, presque féline, vous êtes évanescente, voire inaccessible… en apparence. Même si vous ne rencontrez ce jour-là aucun homme digne de votre intérêt - ce qui serait étonnant - vous n'aurez pas perdu votre temps. Ce sera une très bonne répétition.

Tout repose sur votre aptitude à repérer, à entendre et à sentir ! Vous agissez pour vous, pour satisfaire votre plaisir de flâner, par désir de vous donner le maximum de chances de faire une rencontre sentimentale, amicale, chaleureuse, sensuelle… et pourquoi pas tout cela ensemble ?

Et si, à 10 pas, sur le même trottoir, son regard se pose sur vous, pas de panique !

Vos yeux, qui l'ont repéré déjà depuis plusieurs mètres, doivent atterrir en douceur, mais avec précision, sur le beau Brummel. N'hésitez pas, ce n'est pas le moment de regarder en biais, à côté ou ailleurs : votre chance du jour est peut-être devant vous. Tout, dans votre expression, doit laisser croire que vous êtes surprise - ô combien ! - d'être remarquée. Posez votre regard sur ses yeux de velours noir ou de ciel bleu, une sorte de regard flou, transparent et direct à la fois (exercez-vous au besoin devant votre glace, car ce regard est déterminant). Vous ne risquez rien : tout homme aurait du mal à croire qu'une femme telle que vous puisse le remarquer. Vous lui signalez simplement des yeux qu'il existe pour vous - moment délicieux qu'il ne faut surtout pas bâcler.

Les minutes suivantes sont tout aussi importantes. Vous arrivez à la même hauteur, l'un et l'autre ; deux possibilités se présentent : dans le premier cas, le hasard fait bien les choses et, la foule aidant, vous voilà dans ses bras. Ici, tout va dépendre des banalités qu'il va prononcer et sur quel ton, du rougissement à l'humour, en passant par la plaisanterie intelligente qui va vous amener à prendre un café ensemble. En entendant sa voix, son accent, sa timidité (le genre homme citadelle, ça peut plaire) ou sa méthode de drague (pas déplaisante, si elle est discrète), vous entrez dans le tout-possible des célibataires. Profitez-en !

Rien ne vous interdit, s'il dit tout bêtement : « Pardon » et que cela suffit à vous faire défaillir, d'embrayer sur : « Excusez-moi, je cherche telle rue, pourriez-vous m'aider?» Il est bon d'avoir un guide de la ville à la main, cela rend la chose plus crédible.

Ici, vous trouvez rapidement – j'espère – un banc où vous asseoir côte à côte pour compulser le précieux manuel. Vous pourrez alors tester à la fois sa connaissance des lieux, la texture de ses mains, son acuité visuelle et sa vivacité d'esprit.

Seconde possibilité: vous vous croisez sans que le miracle se produise. Dans ce cas, résistez à l'envie de vous retourner pour voir s'il se retourne. En revanche, s'il y a une vitrine pas trop loin, jetez-y un coup d'œil: peut-être a-t-il déjà des regrets? L'affaire est-elle rattrapable? Il existe des chemins détournés, des raccourcis, vos routes peuvent se croiser à nouveau. Mais, de grâce, n'allez pas y consacrer toute votre journée, n'entrez pas dans tous les cafés du coin à l'affût de ce célibataire (qui ne l'est peut-être pas). Dites-vous que celui qui passe à côté de vous sans vous voir ignore à quel point sa journée va être gâchée. Pour vous, elle ne fait que commencer.

Les moments dans la journée

Le matin, assez tôt, le samedi surtout, dans les rues commerçantes ou au marché public, certains célibataires font leurs courses. Les plus gourmands – une qualité de bon augure dans le domaine de la sensualité – flânent en tâtant un melon ou un fromage. Si vous avez une prédilection pour ce genre et que vous recherchez le type gourmet, aidez-le donc à choisir! Vérifiez tout de même que son panier est de taille moyenne, que son pain n'est pas une miche familiale et qu'il demande plutôt des portions uniques. Méfiez-vous du célibataire du mois d'août (sauf si vous désirez une récréation estivale) ou du mari qui achète les viandes tandis que son épouse, quelques mètres plus loin, se charge des légumes (voir la taille du sac à provisions).

Un moment privilégié: 11 h 30, un jour férié. Ils ont émergé de leur sommeil ou d'une nuit agitée, peu importe, puisqu'ils se retrouvent seuls le matin et sortent probablement dans le même but que vous, soit rencontrer une attrayante personne et l'inviter à prendre un verre, à déjeuner ou à passer la journée en sa compagnie. Précaution importante : ces jours de repérage, évitez de promettre une visite à votre tante en soirée ou d'avoir une place réservée au théâtre ; vous allez peut-être rencontrer l'élu de huit jours ou de votre vie. Je connais des femmes qui n'ont jamais revu l'homme délicieux et inespéré avec qui elles avaient échangé des phrases pleines d'espoir, et ce, à cause d'un concert rebutant avec une cousine éloignée ! Les hommes sont inquiets et fragiles (au moins autant que nous) et une erreur de ce genre peut devenir un obstacle insurmontable. Par contre, ayez toujours un alibi de ce genre en réserve, si le monsieur, une fois sondé, se révèle « impraticable ». Et n'oubliez pas que l'on peut toujours prévenir la bonne copine au dernier moment qu'on a mieux à faire de sa soirée que d'aller disputer une partie de Scrabble avec elle. À charge de revanche ! On lui racontera tout demain.

Après 14 h 00, ils sont souvent enfermés dans une salle de cinéma. Et là, mon expérience de routarde sentimentale vous met en garde : évitez les salles obscures. Arrivez plutôt vers 13 h 30, dans une file d'attente, il peut y avoir matière à échanges constructifs. J'en parlerai plus loin.

Vous pouvez essayer les expositions. Personnellement, j'y ai rarement rencontré de joyeux compagnons. À moins, bien sûr, que vous ne vous risquiez au Salon des célibataires, le Céliberté.

À mon avis, le meilleur parcours doit se situer, en été, entre 10 h 00 et 16 h 00. Chronologiquement, commençons par explorer les lieux de restauration ouverts en début de matinée.

Les cafés

C'est bien connu : les cafés peuvent être propices aux rencontres. Choisissez l'endroit correspondant à votre recherche. Assurez-vous dès le départ que vous avez bien depuis le réveil l'œil vif, le teint clair (sans traces d'oreiller imprimées sur les joues) et les sens en alerte. Arrivez au café décontractée, le sourire latent, et débrouillez-vous pour traverser la rue juste en face des baies vitrées. Vous avez fait assez d'efforts pour être au mieux de votre look, arrangez-vous pour qu'on vous voie venir de loin avec tous vos atouts, démarche et allure comprises. Pensez qu'une fois assise, vous n'aurez plus que la moitié de votre image pour plaire. Permettez au moins qu'on ait des palpitations à l'idée que vous n'allez peut-être pas entrer dans ce café-là ; ayez l'air d'hésiter, de revenir sur vos pas, surtout si votre regard a déjà repéré un sujet d'intérêt dans ce café. Ne commettez surtout pas l'erreur de regarder votre montre, ce qui laisserait supposer que vous avez déjà un rendez-vous. Cependant, guettez bien ce geste chez l'autre ; il s'agit là d'une précaution indispensable, sous peine de vous retrouver prématurément affublée d'une rivale.

Vous entrez – par l'accès principal, bien sûr – avec un bonjour souriant en direction des serveurs. En fait, ce sourire ne leur est pas vraiment destiné (encore que ?), mais il est le soleil faisant soudainement irruption dans la salle et inondant les buveurs solitaires d'un charme irrésistible. C'est votre entrée en scène.

Attention, n'arrivez pas trop tôt, car vous risqueriez d'avoir des surprises. Quand votre regard balaiera les lieux, il ne rencontrera que le patron en train de lire son journal ou la serveuse préparant sa caisse, encadrée par les deux piliers de bar habituels buvant leur bière pression.

Le meilleur créneau me semble se situer entre 9 h 00 et 11 h 00. En femme autonome, vous aurez sous le bras deux journaux connus pour leur rigueur et une revue hyperféminine. Asseyez-vous et commandez un cappuccino ou plus simplement un café ordinaire (évitez les boissons ou les cafés alcoolisés). Demandez des toasts si l'endroit vous semble fourmiller de ressources et qu'il faut prendre le temps.

Si vous avez déjà repéré le candidat, placez-vous à portée de regard et, si possible, de voix. Pas juste à côté, ou alors tout à fait par hasard et sans hésiter, comme si vous étiez pressée de boire votre café, quitte à prendre tout votre temps après.

Il est indispensable – c'est une affaire d'entraînement – d'avoir le regard « grand angle » pour choisir rapidement le point stratégique et s'y rendre négligemment. Si vous repérez votre homme, ne vous asseyez pas à une table à l'écart, posez-vous carrément à côté ou en face, un peu de biais.

Évitez le dragueur de service et ses banalités d'ancien combattant frustré. Évitez aussi celui qui surveille la porte d'entrée depuis une demi-heure dans l'attente de sa dulcinée. Il ne peut que mal vous accueillir, à moins qu'il ait une forte dose d'humour. Si toutefois vous faites une erreur de ce genre - nulle n'est parfaite! - changez de place ou de café.

Personne en vue? Installez-vous au large, sans voisin immédiat, avec de la place à droite et à gauche. Placez d'un côté votre sac, de l'autre une écharpe, négligemment posée sur le dossier. Si un homme à votre goût se présente, libérez adroitement l'un des sièges en lui lançant un regard à la fois distrait et déterminé. S'il ne comprend pas, tant pis pour lui!

Je vous signale un sujet intéressant: le père du dimanche, flanqué de son fils, de sa fille ou des deux. Il fait partie des célibataires parents au masculin, un secteur en nette progression ces dernières années. Père à mi-temps, père de week-end ou père à plein temps, on le rencontre de plus en plus dans certains restaurants: pas trop chers, plutôt *fast food*. Dans un premier temps, observez-le avec ses enfants, car son comportement vous en dira long sur son potentiel de communication et sur sa patience. De plus, c'est attendrissant…

N'oubliez pas qu'un homme fait rarement deux choses à la fois. S'il est absorbé par la viande à couper, la serviette à attacher et les histoires scolaires à écouter, il vous faudra toute une stratégie pour vous faire remarquer. Vous pouvez laisser votre regard insister, tout au plus risquerez-vous une remarque des enfants ou une grimace de la fillette jalouse. Il s'apercevra peut-être de votre présence lorsque sa progéniture ira, de concert, aux toilettes ou choisir un dessert - il y a toujours un moment où les enfants ont besoin de se dégourdir les jambes. Vous pourrez alors engager une conversation sans risques, car il croit jouir d'une invulnérabilité grâce à sa paternité. Une phrase de votre part sur le thème de ses enfants pleins de vie ou du sel qui vous manque sera bienvenue pour le sortir des soucis ménagers et familiaux. Remarquez que les problèmes de sel, poivre, moutarde et pichet d'eau au restaurant peuvent être à l'origine d'aventures idylliques! Le stylo qui vous manque pour signer un chèque ou la carte bleue peut aussi être une bonne entrée en matière, mais peut-être un peu tardive.

Revenons à notre père célibataire. Il vous faudra de la persévérance pour le distraire. Parlez-lui du Biodôme ou du Jardin d'acclimatation; si jamais vous l'accompagnez, vous aurez le temps de discuter avec lui tandis que les enfants s'amuseront avec les singes et les perroquets. Pourquoi pas un film IMAX? Il sera sans doute heureux de trouver une alliée inoffensive pour l'après-midi. Mais attention: qu'il ne vous confonde pas avec la nounou du dimanche (à moins que ce soit précisément ce dont vous rêvez).

Les files d'attente

Une amie m'ayant vanté les mérites des files d'attente, je vous refile ce tuyau que j'ai testé le jour même avec succès.

Attention au film, à la salle et au quartier. Dans les cinémas d'essai, les files d'attente sont moins fournies que dans les salles grand public. On y rencontre des intellectuels, des cinéphiles, des professionnels et quelques étudiants. On peut s'instruire sur les classiques et sur l'avenir du septième art: causeries faciles ou sur thèmes spécialisés, mais on dispose de peu de temps avant d'arriver aux guichets. Si vous choisissez les classiques comédies musicales (Fred Astaire) ou les éternelles reprises (*Autant en emporte le vent*), ce sera romantique et divertissant, mais vous trouverez là beaucoup de sexagénaires et au-delà.

Vous préférez un film commercial? Les monstrueuses files d'attente regorgent surtout de familles et de couples. L'homme seul est difficile à repérer dans la cohue. C'est plutôt le libidineux de service qui, lui, vous repérera pour se placer à côté de vous. Quant aux films pornos, vous savez ce qui vous attend! L'obscurité favorise la communication non verbale, mais ce n'est pas forcément par là que vous souhaitez commencer.

L'intérêt que présentent les files d'attente de cinéma est plutôt de commencer à parler avec votre futur voisin avant le début de la séance et de reprendre la conversation après. Mais, je vous en prie, même si vous êtes fascinée dès le premier regard, ne le suivez pas comme un petit chien dès le guichet! Placez-vous une rangée devant lui, un peu en biais, pour ne pas lui boucher la vue et pour qu'il puisse admirer votre meilleur profil. La séance terminée, il devrait attendre que vous vous leviez pour vous suivre et arriver en même temps au bout de la rangée. S'il agit ainsi, c'est bon signe. La balle est dans votre camp. À vous de trouver la phrase clé permettant de prolonger la conversation sans s'essouffler jusqu'à la sortie. Un film angoissant peut vous aider: vous êtes remuée, et seule une tasse de café (ou un verre de vodka, selon le look du monsieur) peut vous remettre. De toute façon, il est impossible de rentrer chez vous dans cet état. Méfiez-vous tout de même des films d'horreur, cela pourrait lui donner des idées… s'il ne les a déjà!

Les transports

Rares sont les rencontres heureuses dans les transports urbains, tant les gens y sont pressés (dans les deux sens du terme), mais ne négligeons rien!

Vous commencerez le repérage sur le quai du métro ou à l'arrêt du bus. Observez les arrivages à chaque station. Si un homme plaisant paraît à l'horizon, tenez en évidence votre guide des spectacles et feuilletez-le en hésitant. Inutile si l'homme a une valise: il doit être de passage; encore que, si le passage est régulier, il peut donner lieu à une relation agréable, sans les contraintes du quotidien.

Les transports urbains peuvent être intéressants les samedis ou dimanches vers 11 h 30: l'heure où les célibataires émergent et se demandent comment ils vont passer leur journée.

Le guide des spectacles est efficace aussi à la terrasse d'un café. Emportez-le toujours avec vous, comme le plan de la ville, on n'est jamais assez outillé (inutile d'y joindre un atlas, à moins que les vacances approchent, vous laissant sans compagnon). Mais pensez à faire disparaître les accessoires si un raseur se trouve à proximité, car l'approche pour lui serait trop facile.

Dans le train ou l'avion, le repérage devient de plus en plus difficile. Les places sont réservées, impossible de choisir son voisin, au risque de voyager plusieurs heures aux côtés d'une personne indésirable ! En semaine, il n'y a que des hommes, certes, mais quels hommes ! Avez-vous observé les départs des avions du matin, vers 7 h 00 ou 8 h 00 ? Presque toujours deux par deux, parlant d'affaires. Vous êtes cernée par la gent masculine, mais totalement ignorée. J'en ai même vu emporter mon stylo sans un regard. Et même si l'un d'eux vous a remarquée, il ne peut décemment vous l'exprimer dans la situation de hiérarchie où il se trouve (qu'il soit en position subordonnée ou supérieure, le problème est le même : le qu'en-dira-t-on). Tout au plus aura-t-il un regard vers vous en allant aux toilettes et en en revenant.

Il est loin, le temps où les couloirs permettaient d'aller fumer une cigarette en rêvant devant le paysage, quitte à se faire écraser les pieds ou à subir les mains baladeuses (les contrôleurs sont experts en la matière). Les allées et venues fournissaient un sujet de réflexion : doit-on, pour laisser le passage, coller l'avant de sa personne à la vitre du couloir, ou écraser ses arrières sur la paroi du compartiment ? Question sans réponse, en ce qui me concerne, bien que les voyages m'aient beaucoup appris. La disparition des couloirs me laisse avec mes interrogations.

Congrès, colloques et expositions

Les manifestations telles que les congrès, les colloques et les expositions sont avantageuses, en ce sens qu'elles permettent de bien cibler les rencontres et de trouver le langage d'approche. On est là dans le même but que tout le monde – officiellement, du moins : se documenter, se former, s'instruire, se cultiver. Il est important de savoir un peu de quoi on parle ou, plutôt, d'en savoir presque autant que ces messieurs sur la question, pas plus, car il arrive qu'ils se braquent! Vous pouvez leur demander de vous initier, cela a encore des chances de marcher. Essayez si vous appréciez l'intello traditionnel, à tendance Pygmalion.

En cette période de crise, de plus en plus d'hommes participent à ces manifestations exclusivement pour leur promotion ou leur avenir professionnel. Ils y cherchent des relations, certes, mais des relations orientées vers leur avancement. Certaines femmes en font autant. Pourquoi pas, si votre liberté de relation avec les hommes passe par la réussite professionnelle. Essayez de joindre l'utile à l'agréable.

Cependant, ne perdez pas de vue que l'homme, lui, est à sens unique. Il arrive toujours un moment où il faut lui signaler, et ce, officiellement, qu'on change de registre, qu'il peut poser sa mallette, que vous êtes convaincue qu'il est intelligent, qu'il connaît parfaitement son sujet, mais que son physique vous émeut. Vous pouvez au besoin le faire boire, mais attention: certains restent longtemps de remarquables théoriciens, capables de vous parler en pro de la relation homme-femme et des différentes formes de sexualité, alors que vous, le regard humide et la bouche gourmande, vous l'avez depuis longtemps déshabillé en pensée. Vous savez (presque) tout de ses mains douces et du plaisir de passer les vôtres dans sa chevelure, alors qu'il s'efforce de vous expliquer l'avenir de l'économie mondiale! Si enfin il craque - grâce à une phrase du genre: «Et pour vous, l'amour, c'est comment?» - le voilà saisi, sinon pétrifié, car ce genre de mobilité dans la conversation est l'apanage de très peu d'hommes. Mais essayez, l'effet de surprise est délicieux, vous verrez...

Un dernier conseil: si l'homme vous plaît, ne le laissez pas s'installer irréversiblement dans un rapport intellectuel: trop de théorie nuit à la pratique.

Les discothèques

Les discothèques sont remplies d'hommes de tout style, de tout âge et de toute origine. Les femmes, en minorité, y vont presque toujours par deux (on a plus de courage avec une copine). Pour les hommes, les discothèques sont des terrains de chasse ou de déprime. Les premiers sont sur la piste, tandis que les autres, collés au bar, ont peu de chances de ramener – chez eux… ou chez vous ! – autre chose qu'une belle cuite, vu leur propension à éponger une grande quantité d'alcool.

Si vous aimez danser, n'hésitez pas à vous glisser adroitement sur ce terrain, qui peut être celui de l'entente. N'arrivez ni trop tôt (rien de plus triste qu'une boîte de nuit où seuls vous accueillent les sourires ironiques des serveurs) ni trop tard, car on ne vous remarquera pas ; vous serez prise dans le flot des noctambules, sans aucune chance de trouver une table, condamnée à danser sans cesse ou à vous asseoir, épuisée, sur des genoux obscurs. Allez-y vers minuit, après avoir mangé légèrement et un peu bu, pour vous désinhiber. À votre arrivée, 40 paires d'yeux vous attendent déjà en bas de l'escalier, au bar, autour des tables. Vous êtes inévitablement guettée, repérée, observée, jaugée, épluchée. Ne vous inquiétez pas, vous allez rapidement reprendre la situation en main !

Pour cela, adoptez l'air dégagé d'une habituée des lieux, mais pas trop, au risque d'être prise pour la call-girl de service. Vous, vous avez tout votre temps, alors que la plupart d'entre eux sont pressés de ramener chez eux leur butin.

Devisez gaiement – mais pas bruyamment – avec votre voisine, commandez de quoi réchauffer l'ambiance. Évitez d'engager tout de suite la conversation avec n'importe qui. Observez d'abord qui est là, vous ferez le tri ensuite. Il s'agit le plus souvent de dragueurs professionnels, à la sauvette, mauvais danseurs de surcroît, des hommes qui bâclent tout… et le reste !

N'espérez pas discourir de philosophie ou de politique avec vos partenaires : vu l'intensité de la sono, on ne s'entend pas. L'oreille ne sert qu'à suivre un rythme sans surprise de minuit à quatre heures du matin. Mais cela n'empêche pas d'ouvrir l'œil ! Dans un premier temps, observez le comportement des danseurs : ceux-là au moins sont venus pour s'amuser. Vous aussi. Laissez-vous donc envahir par la musique jusqu'à paraître semi-absente :

vous dansez seule et pour vous. Vous avez le temps, les rares slows arrivant bien après les danses rapides, vous ne risquez pas d'aboutir dans les bras du premier venu. Observez en dansant à distance, faites discrètement votre choix pour tout à l'heure, quand démarrera une chaude danse des Caraïbes, du style lambada.

Tout en vous agitant, regardez autour de vous, quand les spots le permettent. Remarquez les attitudes: celui qui danse contracté, lèvres serrées, regard inquiet. Celui qui remue frénétiquement en vous lorgnant de très près, cavalant littéralement à votre suite (n'hésitez pas à lui jeter le regard foudroyant qui le figera pour le reste de la soirée). Celui qui plane ou s'éclate dans son coin. Le ténébreux qui ne quitte pas son tabouret tout en vous dévorant du regard (laissez tomber, il ne lâchera pas le bar). Celui qui a le sens de l'humour: clins d'œil et mimiques amusantes. Le désabusé, qui regarde ses pieds, en comptant dans sa tête, pour suivre un rythme qui n'est sûrement pas le vôtre. Celui qui danse bien et s'accorderait rapidement avec vos mouvements de hanches (à suivre, un bon début). Celui, enfin, que vous attendiez, l'oiseau rare en ces lieux. Vous vous demandez ce qu'il vient faire ici et il se pose la même question à votre égard, alors qu'il est là pour les mêmes raisons que vous!

Ne vous précipitez pas. Prenez le temps d'apprécier la délicatesse de son approche, sa sobriété en ce qui concerne l'alcool, l'ensemble de son look. Ni pilier de boîte ni refoulé, il est probablement le seul dans son genre ici. Peut-être allez-vous commencer une histoire à deux?

Encore un conseil: attention au client piège, au redoutable touriste, au médiocre homme d'affaires de passage (qui empoche la note de vos whiskies): ceux qui, pour la nuit, cherchent à la fois une compagne et un hébergement (moins cher que l'hôtel et tellement plus agréable).

Si vous avez vraiment repéré l'oiseau rare, si à 3 h 00 du matin votre intuition vous conduit tout droit vers cet homme-là, comment procéder?

Vous l'avez remarqué, soit, mais il fait presque noir et un peu plus de lumière éviterait les surprises. Et sa voix? Que savez-vous de son ton de basse ou de fausset? Et, horreur, s'il était marié? Une alliance est si vite ôtée ! Proposer un lieu de discussion tranquille à cette heure-là n'est pas évident. S'il vous voit lasse, il offrira de vous raccompagner : sa voiture n'est pas loin.

Ici, tout peut commencer, même si rien n'est encore dit. Quoi qu'il advienne, vous vous serez sentie bien vivante, bien vibrante, au moins pendant quelques instants. Privilège des célibataires, rentrer chez soi seule ou accompagnée, le choix vous appartient. Votre vie sentimentale est entre vos mains. Vous avez même droit à l'erreur. Il y aura d'autres occasions, d'autres jours fériés, et bien d'autres célibataires sur votre route. N'oubliez pas de penser aux préservatifs.

D'autres endroits où les chercher... et les trouver

Quel potentiel y a-t-il dans d'autres lieux ? Au bureau, par exemple. J'ai peu d'expériences positives rattachées à cet endroit. Il faut envisager le pire ; si la relation tourne mal, tous les jours, à la même heure, vous retrouverez le monsieur qui vous perturbe. Vous qui avez la chance d'être célibataire, pourquoi iriez-vous risquer d'être confrontée quotidiennement à un homme à qui vous n'avez plus rien d'aimable à dire ? Apprécieriez-vous de le voir tenter sa chance avec votre chef (au féminin) ou d'être obligée de changer de service pour avoir confondu rapports de travail et vie sentimentale ? Sachez à quoi vous en tenir au départ. Ce genre d'aventure « professionnelle » est réservé à celles qui aiment le risque-tout. Autant conserver une profession qui vous intéresse, quitte à vous séparer d'un homme.

Si vous lorgnez du côté des librairies et des bibliothèques, gardez toujours présent à l'esprit qu'un homme fait rarement deux choses à la fois ; quand il lit, il lit. Inutile de vous faire des illusions.

Le seul intérêt consiste à repérer le style de livres, ou de bandes dessinées, qui attire le monsieur ; cela permet d'en savoir long sur lui. On ne s'adresse pas de la même manière au lecteur balzacien qu'au lecteur invétéré des anciens *Tintin.* Celui qui feuillette un livre de gastronomie peut vous attirer ; quoi de plus agréable que d'arriver chez un ami pour se mettre les pieds sous la table (vieille revanche ancestrale !). Méfiez-vous tout de même de celui qui cherche un cadeau d'anniversaire pour sa mère ; vous n'aurez plus qu'à l'aider à trouver de quoi satisfaire maman. On peut perdre son après-midi et avoir droit en prime au récit complet de sa petite enfance !

Au rayon des sciences sociales, économiques et politiques, fréquenté par les chercheurs et les professeurs, vous trouverez peut-être celui qui a une profession identique à la vôtre. C'est un bon départ pour une conversation, mais cela risque d'être stérile et un peu limité à la longue. J'en connais qui se sont rencontrés en sortant au même moment, dans le train, des copies à corriger !

Quant aux terrains de sport, ils sont rédhibitoires, à moins de cumuler une solide pratique et une robuste connaissance du sujet. Les stades de football ou de rugby sont encore des bastions masculins ; la femme y est rare. Peu de rivales autour de vous, certes, mais beaucoup d'hommes mariés ou des célibataires endurcis qui deviendront invisibles pendant toute la durée des matchs à la télévision. Des copains à lui, chez vous, à toute heure. Et l'entraînement à l'aube viendra vite remplacer les doux câlins des réveils triomphants.

Le Salon de l'automobile étant, bien sûr, un lieu fréquenté par les hommes, il n'en tient qu'à vous, Mesdames, de vous y présenter en connaisseuses – ce qui surprendra et permettra d'engager la conversation – quitte à passer votre été le nez dans le *Guide de l'auto* ou *l'Argus de l'automobile* le plus récent. L'autre stratégie, plus traditionnelle, mais qui donne aussi de bons résultats, consiste à demander conseil sur l'achat de votre prochaine voiture. Inutile d'aller en ce cas du côté des Rolls, car peu d'hommes vous suivront sur ce terrain, sinon des fauchés à l'affût d'une milliardaire. Et ne vous approchez pas de celui qui lorgne vers un break familial ou s'informe de l'emplacement du siège pour bébé !

Les rayons bricolage des grands magasins m'ont été signalés par certaines célibataires actives. L'homme seul qui s'installe farfouille comme vous du côté des planches à repasser ou de la cocotte-minute petite taille. Filon à exploiter.

Tous ces itinéraires ont été expérimentés, mais la liste n'en est pas exhaustive. Vous pouvez improviser. Par exemple, sonner en pleine nuit de façon impromptue chez le voisin qui vous émeut depuis plusieurs mois quand vous le croisez dans l'escalier. Appeler Urgence Santé ou le Samu, car il y a là beaucoup de jeunes internes pour vous rassurer, le soir. Que sais-je ? Vous êtes célibataire, ayez des idées ! Tout est possible. Demain est un autre jour, d'autres relations vous attendent et beaucoup d'hommes rêvent de vous sans le savoir !

CÔTÉ HOMMES

Cette partie du chapitre est réservée aux hommes. Ne lisez pas, Mesdames…

Nous tous célibataires, hommes et femmes, nous partageons un objectif commun : être bien seul, mais savoir l'être aussi à deux. Pour que ce chapitre réservé aux hommes ne soit pas écrit d'un point de vue unilatéral, je me suis fait aider par un ami. Merci Marc !

Vous êtes un homme, en manque sexuello-affectif. C'est banal, ce n'est pas honteux. Il faut assumer. Mais comment ?

Admettons que vous refusiez le plaisir solitaire, facteur d'amertume. Vous décidez donc d'avoir affaire à autrui. Admettons également que vous ne soyez pas homosexuel, vous cherchez donc une femme (une, au moins !). Mais où la trouver ? Et comment ?

Si vous croyez aux miracles, vous serez déçu. Vous feriez mieux de passer directement au chapitre suivant, car il n'y a pas de recette absolue en la matière. Les quelques remarques qui suivent, dictées par un panaché de bon sens et d'expérience, vous aideront simplement à y voir plus clair : elles attireront votre attention sur quelques conditions élémentaires pour draguer avec plus de succès.

Cherchez la femme…

Efforcez-vous d'éclaircir votre désir : sachez honnêtement ce que vous cherchez. Êtes-vous sûr d'avoir seulement besoin d'assouvir vos pulsions sexuelles ? Ou bien n'espérez-vous pas plutôt une aventure qu'il faut bien qualifier d'amoureuse, une idylle ?

Si vous êtes pressé d'en finir, inutile de vous encombrer de préambules. Allez droit au fait. Certaines rues spécialisées vous offriront l'embarras du choix, pour un prix variable, selon vos goûts et vos dégoûts, avec un minimum de relations humaines en échange d'un maximum d'argent. N'allez pas vous plaindre ensuite d'être en manque affectif !

Si vous cherchez plutôt à rompre votre solitude, du moins pour un temps, changez votre fusil d'épaule et allez chasser ailleurs. Car il faut choisir : ou bien vous achetez du sexe au tarif du marché, avec paiement comptant et préalable ; ou bien vous investissez à terme, et alors ce n'est plus seulement une question d'argent, mais de qualités personnelles, de disponibilité affective et de savoir-faire. C'est plus difficile, mais ce que vous pouvez obtenir est sans commune mesure avec le cas précédent : une véritable relation humaine avec une personne, au plein sens des termes.

Dans cette perspective, vous devez vous conduire en être civilisé – poli, distingué et même raffiné, du moins au début. C'est le seul moyen de rencontrer une personne également civilisée. Les bonnes manières s'apprennent, la délicatesse aussi, et ce, quels que soient votre milieu d'origine, votre âge et votre tempérament. Observez autour de vous : vous constaterez qu'un homme au comportement vulgaire fait fuir toute une catégorie de femmes charmantes. Et que les femmes qui se retournent en souriant quand on les siffle dans la rue ou qu'on les pelote dans le métro n'ont pas exactement le profil que vous souhaitez.

Bien sûr, vous êtes timide et vous ne savez pas comment créer le contact (la preuve : vous lisez ces pages avec espoir !). Mais sachez que le culot s'apprend. Quand vous serez plus âgé, vous regretterez de n'avoir pas tenté plus souvent votre chance. Mieux vaut avoir des souvenirs que des regrets. Alors osez !

Question d'apparence

Commencez par soigner votre look. Rasez-vous de près ou laissez-vous pousser la barbe. Peu de visages, une fois rafraîchis et restaurés, demeurent un antidote à l'amour. D'ailleurs, des sondages d'opinion ont prouvé que beaucoup de jolies femmes s'accommodent fort bien d'hommes que la nature a peu gâtés, pourvu qu'ils ne soient pas négligés. On sait qu'un beau mâle pavaneur se révèle souvent égoïste et moins obligeant qu'un amant soucieux de compenser son physique ingrat par des attentions raffinées. N'ayez donc plus de complexes à cet égard ! Ni même si la seule décapotable autorisée par votre compte en banque a trouvé en vous son troisième preneur. Il y a des cœurs pour toutes les bourses, l'essentiel étant d'en avoir (du cœur !). Mais si vous avez une Mercedes, inutile de la revendre pour acquérir un scooter : qui peut le plus peut le moins.

Révisez votre choix en matière d'habillement : renoncez à votre chemise à fleurs, même si elle vous rappelle votre dernier succès amoureux. Il faut savoir rompre avec le passé, être dans le vent, sans copier forcément la mode des ados : on remarquerait encore plus votre âge. Or, pourquoi le dissimuler ? Il est des jeunes femmes que les hommes mûrs attirent, et inversement. Il est aussi des femmes plus âgées que les hommes épanouis par la cinquantaine séduisent. Alors, pourquoi désespérer ?

Passons au salon. L'habitation d'un célibataire peut avoir deux formes : un antre de bête sauvage jamais visité ou un lieu de passage continuel. De toute façon, évitez de laisser traîner dans votre salle de bain un pot de crème ou un flacon de parfum féminin. Gommez les traces du passé, allez de l'avant !

Commencez par faire le ménage. Décidez-vous enfin à changer les draps. Portez votre linge à laver (au lieu de le cacher sous votre lit). Passez sous la douche, vous vous sentirez mieux, les autres aussi. Maintenant, vous pouvez sortir de votre cage : vous êtes redevenu humain, vous ne ferez peut-être plus peur. Alors, foncez !

Où aller ? Où draguer celle que vous n'aurez plus honte de ramener chez vous pour prendre un verre ou regarder une émission littéraire ? Comment ? Vous n'avez pas la télévision ? Qu'à cela ne tienne, allez donc à la librairie près de chez vous. Repérez une lectrice attentive. Engagez la conversation à propos du livre qu'elle consulte et offrez-lui le bouquin en indiquant votre numéro de téléphone à l'intérieur. Elle vous appellera peut-être pour en parler avec vous. Mais n'attendez pas son coup de fil : retournez vite à la librairie en draguer une autre selon la même méthode. Évidemment, les livres sont chers et votre manège risque d'attirer l'attention du libraire : choisissez plutôt des livres de poche !

Mais peut-être n'aimez-vous pas lire ? (Que faites-vous alors à cette page ?) Ou encore craignez-vous que votre conversation littéraire incite la belle à jeter votre livre sans l'avoir ouvert. Tentez votre chance ailleurs : dans un café, par exemple, ou pourquoi pas sur votre lieu de travail ?

Sur le lieu de travail

Si vous êtes un itinérant professionnel, inutile de vous donner les bonnes adresses : il y en a trop, et vous les connaissez déjà, l'idéal étant d'avoir un réseau de « relations galantes ». Avant d'en arriver là, appliquez-vous à conserver des amitiés un peu partout : quand on débarque dans une ville, il est toujours agréable d'être invité à une soirée, faute d'être attendu pour un petit festin en duo, parfois aléatoire ; on en connaît qui font 300 kilomètres pour se retrouver seuls au restaurant devant un repas réchauffé.

Si vous avez un travail sédentaire, attention ! Sachez que l'intimité affective fait mauvais ménage avec la promiscuité professionnelle, surtout en période de rupture… qui peut se transformer en rupture de contrat ! Dans le même esprit, évitez de piquer la petite amie du directeur : la jalousie est un motif de licenciement plus fréquent qu'on ne croit.

Alors prudence ! Sur votre lieu de travail, restez toujours discret. Dissimulez votre liaison, surtout si vous en avez plusieurs (mieux vaut en avoir une seule à la fois sur le même terrain). Une idylle entretenue dans le secret favorise la complicité entre amants et n'en est que plus excitante. Quand vous constaterez que tout le monde est au courant, vous pourrez toujours rompre (discrètement) et vous afficher aussitôt avec une autre femme pour démentir les ragots.

Si, malgré tous ces bons conseils, vous vous enflammez pour telle de vos collègues, voici un ou deux principes de secours pour limiter les inévitables dégâts à venir. Devenez directeur de votre entreprise, cela vous facilitera la tâche dans tous les cas. Ou établissez des relations qui permettront à l'amitié de prendre élégamment le relais de l'idylle amoureuse, d'autant plus qu'une ex-liaison peut soudain, un jour, trouver à vos yeux un charme nouveau : les plats réchauffés sont parfois meilleurs !

Bistrots, bars et cafés

Si votre profession n'offre aucun débouché à vos ambitions galantes, essayez de draguer au café. Choisissez un bar fréquenté, et devenez le copain du serveur le plus dégourdi.

Entraînez-vous au moins une fois par jour. C'est un excellent exercice qui vous donnera de l'assurance, notamment en matière d'improvisation verbale. Vous vous apercevrez que des formules apparemment banales peuvent aisément créer le contact, pourvu que vous y mettiez un peu d'humour. Voici quelques exemples.

À une femme portant une alliance : « Excusez-moi, je vois que vous êtes mariée. Si je vous offrais un verre, divorceriez-vous pour m'épouser ? » Évidemment, c'est un peu lourd. Sauf si vous le dites avec le plus grand naturel, sans vous prendre au sérieux. Sinon, vous risqueriez d'être pris pour un mauvais comédien, récitant une formule apprise par cœur pour surmonter sa timidité. Cette approche vous semble invraisemblable ? Erreur, j'ai assisté à la scène : un succès !

Rassurez-vous, il y a des entrées en matière plus faciles. Comme celle-ci, également authentique. Vous vous adressez au garçon de café en demandant : « Deux pailles, s'il vous plaît, une avec un citron pressé et l'autre avec… ? » et vous regardez votre voisine, qui se trouve alors en situation de répondre non pas à vous mais à un tiers, qui devient ainsi votre complice. Si la belle décline votre invitation en souriant, insistez un peu, elle cédera peut-être. Si elle répond : « Non merci, rien pour moi », vos chances sont compromises.

Si elle se renfrogne ou détourne la tête avec mépris, c'est qu'elle est sainte nitouche, pimbêche ou qu'elle en a jusque-là de se faire draguer : n'insistez pas, vous risqueriez d'écoper toute la rancœur provoquée par les autres hommes. Inutile de payer pour les confrères. Changez de place, sans perdre la face et sans vexer la rébarbative : elle reviendra peut-être demain avec des sentiments d'autant meilleurs à votre égard que vous aurez su rester courtois. Dites-lui gentiment au revoir, en imaginant que c'est un placement à court ou moyen terme. L'avantage d'installer son quartier général dans un café, c'est qu'on y rencontre d'autres habitués. Cela crée une ambiance sympathique et favorise les contacts avec les clientes, qui ont peut-être des amies. Misez donc sur le temps. Mais, si au bout d'un mois vous n'avez eu aucun succès, inutile de vous soûler sur place par dépit : allez boire ailleurs !

Aller voir ailleurs

Déménagez vos pénates dans une boîte de nuit ou une discothèque, par exemple, si possible avec un ami ou, mieux, avec un ou deux couples. C'est plus agréable que de faire tapisserie tout seul, et vous paraîtrez moins louche aux yeux des sirènes en attente, souvent elles-mêmes accompagnées. Hélas ! vous ne savez pas danser et vous n'avez pas le culot de demander qu'on vous apprenne. Ne désespérez pas, beaucoup de célibataires sont comme vous. Mais tous n'en restent pas là : songez qu'on peut s'offrir des cours de danse, et qu'on y rencontre forcément des cavalières.

Il y a aussi les expositions, hauts lieux de rencontres érotico-culturelles. Il est toujours agréable de partager des émotions esthétiques avec une visiteuse de musée que vous suivrez comme par hasard de salle en salle pendant un quart d'heure. Mais étudiez un peu le catalogue au préalable, cela vous évitera de prendre le Greco pour un peintre naïf ou Gauguin pour un cubiste du XVIe siècle. Choisissez une exposition qui dure longtemps : au bout de la dixième visite, vous vous sentirez plus à l'aise pour servir de guide à une belle néophyte. Et même si vous faites chou blanc, ce n'est pas une raison pour broyer du noir. On ne perd jamais son temps à se cultiver, et la fréquentation des chefs-d'œuvre élèvera votre âme à l'amour du beau. Si c'est une exposition d'estampes japonaises, vous aurez tout de même eu une aventure érotique!

Certes, vous ne sauriez vous contenter d'émotions esthétiques ni d'érotisme virtuel et, désireux de passer à la pratique, vous souhaitez faire pousser vos racines ailleurs. Que vous reste-t-il? Beaucoup de possibilités. Notamment les activités de groupe: organismes de loisirs, stages, clubs, associations diverses. Essayez au moins une fois, prenez contact, renseignez-vous, remuez-vous!

Il y a même peut-être un Salon des célibataires dans votre ville, je vous le signale en passant...

Bref, les lieux pour draguer ne manquent pas. Il y a, certes, des endroits et des moments privilégiés. Mais dites-vous que vous pouvez, partout et à toute heure, faire la rencontre qui transformera votre vie, même pour 24 heures. L'essentiel est d'être disponible et de savoir saisir l'occasion.

Draguer... et puis après

Essayez de ne pas confondre les moments de solitude érotico-affective avec une véritable relation amoureuse, car cela ne résoudrait pas le premier problème. Laissez votre frustration sexuelle au vestiaire au moment d'entrer dans la vie d'une femme; ainsi, vous aurez l'air plus sain et moins assommant. Ce n'est pas facile, puisque c'est précisément ce manque qui vous motive. Mais c'est stratégiquement nécessaire et personnellement salutaire. Vous commencerez à vous sentir mieux dans votre peau dès que vous cesserez d'afficher que vous êtes mal. Et sachez que les «frus» se repèrent de loin. Donc, changez votre façade.

Par exemple, renoncez à siffler les filles ou à leur jouer un air de klaxon en longeant le trottoir à bord de votre décapotable rouge à bandes noires. L'homme est doué de parole: utilisez-la. Il peut également sourire: ne vous en privez pas (trois séances de cinq minutes chaque matin devant votre miroir). Et changez de voiture:

une moyenne cylindrée plus discrète - et propre - donnera de vous une image rassurante, celle d'un homme stable, mûr, débarrassé du souci juvénile de plaire à tout prix. Bref, renoncez au clinquant, sans toutefois négliger les apparences. Devenez séduisant en profondeur et ne soyez plus un séducteur de pacotille. La simplicité a son charme. Rappelez-vous cette indémodable romance (qu'elle chantera peut-être en pensant à vous): «Je t'ai rencontré simplement et tu n'as rien fait pour chercher à me plaire...»

D'une manière générale, cessez de prendre les femmes pour du gibier à capturer. Autrement dit: arrêtez de jouer au chasseur à l'affût. Dites-vous qu'elles ne sont pas seulement des femelles. Ce serait trop beau! Et, de toute façon, même une femme en manque préfère souvent rester seule plutôt que de s'abandonner sans préliminaires à un aventurier trop pressé.

Ces dames, qui sont vos égales en droit, réclament de plus en plus l'égalité dans les faits. C'est légitime, non? Prouvez-le-leur. Et même si vous n'êtes pas d'accord, faites comme si. Peut-être vous laisserez-vous prendre au jeu?

Comprenez qu'elles souhaitent choisir l'autre au moins autant que vous le souhaitez. Ne vous imposez plus comme le mâle supérieur. Inversez l'antique stratégie du dragueur: laissez-vous draguer. Ou plutôt, faites-vous draguer!

Se faire draguer

Se laisser draguer ne signifie pas rester passif en attendant d'être abordé par une belle inconnue. D'une part, les femmes ne sont pas toutes encore assez libérées pour se conduire en dragueuses effrontées - du reste, cela ne serait pas forcément de votre goût, car vous trouveriez peut-être qu'il est inutile de subir à votre tour ce qu'elles endurent depuis des siècles - et, d'autre part, votre look ne correspondant pas forcément à la haute image tout à fait fascinante que vous avez de vous-même, vous risqueriez d'attendre en vain l'assaut de charme, victime de votre aveuglement narcissique.

Comment susciter la drague? Là encore, pas de recette miracle. Heureusement, d'ailleurs, car cela signifierait que vous n'êtes qu'un étalon standard. Or, vous désirez être aimé pour vous-même, évidemment. Faites preuve d'originalité.

Voici quelques conseils qui pourront vous y aider.

Soyez joyeux, mais pas superficiel. Avisé, mais pas rabat-joie. Modéré sans être effacé. Souriant, mais pas niais. Poète, mais pas ennuyeux. Réaliste, mais pas terre à terre. Tolérant, mais avec des opinions, de la personnalité. Sincère, pas décourageant. C'est ainsi qu'elles vous aiment. À vous d'adapter ces préceptes et d'en inventer d'autres. Brodez autour de l'idée générale; ainsi, le juste milieu dont vous ferez preuve doit vous rendre séduisant et unique – un vrai tour de force! Rassurez-vous, vous en êtes capable. Vous êtes fait de chair et d'os, et la réalité – en l'occurrence, la belle par qui vous souhaitez être dragué – se chargera de transformer la théorie en pratique. L'essentiel est que vous soyez parfait, sans montrer que vous le savez. Comme il n'y a pas de critère absolu de la perfection, soyez vous-même autant que la situation vous le permet.

Sachez d'abord par qui vous souhaitez être «entrepris», car la stratégie dépend du but fixé. En matière de rencontres, il faut compter avec le hasard, mais aussi savoir l'infléchir et l'exploiter. Ne soyez pas obsédé par un objectif trop précis, donc restrictif.

Évitez de vous fixer *a priori* sur «une blonde au cœur d'or et aux yeux gris de 1,60 m au moins, 1,63 m au plus, âgée de trois ans de moins que vous, cheveux mi-courts, raides, accent italien, pantalon vert à poches surpiquées, riche, du signe Cancer ascendant Capricorne», vous iriez droit à l'échec, à moins que vous ayez recours à certaines agences de rencontre outillées d'ordinateurs ou que vous passiez vos nuits dans Internet à trier les quelques milliers de personnes qui, derrière leur appareil, sont branchées sur le pays entier. Et encore! Vous feriez mieux de voir un psychanalyste en lui apportant la photo de votre mère… ou celle de votre père!

Ayez des goûts aussi vastes et ouverts que le cœur. Cela n'empêche pas d'avoir des préférences. Si, malgré tout, vous avez des tendances marquées pour un certain genre de femmes, n'allez pas systématiquement à leur encontre, mais à leur rencontre. Par exemple, si vous cherchez une maman, n'hésitez pas : prenez votre attendrissante voix cristalline de bambin naïf en désarroi et criez à pleins poumons : Ma-man ! Cela peut marcher, surtout si vous avez 15 mois et que vous êtes à la crèche ou à la garderie. Il n'est jamais trop tôt pour apprendre le célibat !

Mais restons adultes ! Il y a tout un art pour se faire draguer. Cela s'apprend sur le terrain, et c'est doublement délicieux. D'abord, parce que vous pouvez enfin assumer votre féminité (mais oui, vous en avez une, comme tous les hommes) : ne la niez pas, écoutez-la, au contraire, elle vous sera sage conseillère. Ensuite, parce que vous aurez ainsi accès à tout un univers qui jusqu'ici vous était peut-être étranger. Votre machisme borné et dépassé vous cachait un nouvel univers de femmes : celles qui se considèrent comme vos égales sans pour autant devenir viriles et sans rien perdre de leur délicieuse féminité.

Certes, « on ne naît pas femme, on le devient », Simone de Beauvoir avait raison. Mais, précisément, devenues femmes, elles le restent. C'est simplement leur statut qui change, ne confondons pas tout. À vous de vous redéfinir à leur contact. Doux programme en perspective, époque prometteuse dont il faut accélérer le mouvement bénéfique. On savait déjà que l'homme est l'avenir de l'homme (Francis Ponge) et que la femme est l'avenir de l'homme (Aragon). Faisons maintenant en sorte que l'homme devienne l'avenir de la femme ! À vous, célibataire masculin, de contribuer à l'épanouissement de la nouvelle Ève.

Vous êtes non seulement humain, mais sensible. Pourquoi ne pas le montrer ? Vous avez des faiblesses, qui n'en a pas ? Elles ne sont peut-être pas haïssables, retournez-les en votre faveur. Savez-vous qu'une femme résiste difficilement à un homme qui pleure, sauf, bien sûr, si c'est pour une autre. L'essentiel dans ce cas est d'avoir un bon motif et de ne pas user de ce stratagème trop souvent. Ni d'y recourir dès la première rencontre, encore que… C'est peut-être une occasion de créer une complicité avec votre voisine. Mais il y a incontestablement mieux à faire : lui demander son mouchoir pour essuyer vos larmes. Parlez-lui plutôt de l'ingrate dont vous venez de dépanner la voiture et qui ne vous a même pas remercié, vous laissant là, les doigts couverts de graisse. Ah! Pourquoi les gens sont-ils si indifférents, égoïstes et sans chaleur? Un sourire, un peu d'humanité manquent dans ce monde. Si vous aviez un mouchoir sur vous… Voilà une entrée en matière non machiste caractérisée! À partir de là, tout est possible; essayez, vous verrez. Il faut être toujours prêt à faire marche arrière, si la situation le dicte, et à modifier à temps le scénario. Se faire draguer est tout un art que les femmes pratiquent depuis longtemps. Si vous formez un projet, ne le dévoilez qu'avec beaucoup de prudence - c'est une école de patience et de maîtrise de soi. Donnez-vous un éventail illimité de possibilités. Imaginez tout un choix de stratégies. Prenez votre temps, exercez-vous. Au lieu d'éblouir Fleurette par un discours éculé depuis des siècles, soyez imaginatif, tentez d'établir une vraie relation.

À vous de jouer

Maintenant que vous avez établi le contact, passez à l'étape suivante. Admettons que vous ayez réussi à retenir une jolie cavalière pour un second slow, ce qui est déjà très encourageant (sauf si c'est elle qui vous colle et que vous n'arrivez pas à vous en débarrasser). Mais vous êtes timide ou à court de conversation, et c'est la panique. Que faire? Que pourriez-vous inventer pour combler ce silence, qui pèse encore plus lourd que vos pieds sur ceux de votre partenaire? Et elle qui ne dit rien non plus. Vos mains deviennent moites… le rythme vous échappe, vous craignez le pire! La situation vous désarme. Vous avez peur d'être maladroit. Vous aimeriez tant qu'elle sache à quel point vous pouvez être intéressant et sensible, digne d'être connu, malgré votre réserve excessive. Eh bien, dites-le-lui, tout simplement! Dites-lui que vous êtes tellement troublé de la tenir dans vos bras, si proche, et pourtant si distante, que cela vous en coupe… la parole.

Pendant ce temps, votre esprit vagabonde: vous pourriez la serrer davantage, lui caresser le dos, en haut, plus bas peut-être, l'embrasser dans le cou. Toutes ces idées se bousculent. Vous voilà paralysé. De tels passages à l'acte sont prématurés: s'ils sont mal interprétés, vous risquez d'être éconduit ou même giflé: la honte! Vous êtes à la fois impatient et conscient qu'il ne faut rien brusquer, bref, enfermé dans un terrible dilemme!

Comment faire évoluer la situation sans la compromettre? Faut-il dire: «J'ai envie de vous, cela vous tente?» Louable tentative pour créer la connivence, mais qui peut être ressentie comme une agression, même par une femme «libérée». À moins que vous ne soyez tout à fait sûr de votre coup: difficile à évaluer chez une femme que vous tenez dans vos bras depuis quelques minutes seulement.

Si elle se tient cambrée, les épaules proches de vous mais le bassin en retrait, n'insistez pas. Vous aurez sûrement remarqué, chez d'autres danseuses, cette façon curieuse d'évoluer: la moitié supérieure du corps près du cavalier, la partie inférieure décalée. Ce qui signifie: communication haute uniquement, au niveau du discours, de la tête, du buste (et encore…), mais rien en bas de la ceinture.

Si, en revanche, votre partenaire penche sa douce chevelure sur votre épaule, si sa main traîne un peu dans votre dos et vient caresser votre nuque, n'hésitez plus, mais ne vous précipitez pas: votre réussite tient à la nuance! Trouvez une formule du genre: «Ne m'en veuillez pas si je ne suis pas très loquace. J'avoue que vous me troublez et je suis d'un naturel plutôt timide.» Maintenant elle sait, ouf! Elle vous croira d'autant plus que vous aurez joué de l'intonation de votre voix: pas étranglée, mais désarmante de sincérité (cinq minutes d'entraînement par jour au magnétophone). Mais n'en faites pas trop tout de même. Ne vous dévalorisez pas pour autant et soyez à la hauteur de la situation.

Ne vous arrêtez pas là, l'affaire est en bonne voie. Ne vous laissez pas griser par ce premier succès (?) si chèrement acquis, exploitez au maximum la situation. Invitez-la à s'exprimer. Si votre imagination féconde est à son meilleur rendement, vous trouverez quelque chose du genre: Parlez-moi plutôt de vous… Cet intérêt, porté ailleurs qu'à ses formes, ne peut que l'apprivoiser davantage.

Vous pouvez ajouter: Comment êtes-vous arrivée ici? Je veux dire: comment en êtes-vous arrivée à danser avec un ours tel que moi? Si elle ne vous a pas encore interrompu, c'est bon. Si elle se tait désespérément, tentez encore votre chance: Timide aussi, alors? avec un sourire susceptible de la rendre au moins aussi hardie que vous et de répondre au moins, dans un souffle: Oui.

Vous l'avez sortie de son mutisme: bravo! Grâce à votre audace, tout devient possible. Entre timides, on se comprend, il suffit d'en parler. Donnez-lui l'impression que ses paroles vous intéressent; vous lui renverrez l'image d'un homme à l'écoute, à l'esprit ouvert. Cela ne vous empêche pas de l'imaginer nue et muette. Mais n'anticipez pas, vous risqueriez de compromettre la suite!

Faites en sorte qu'elle assure au moins 70 % du temps de parole et n'intervenez qu'à bon escient, pour acquiescer et sourire - surtout beaucoup sourire - avec l'air de la trouver amusante, curieuse et susceptible de vous intriguer. Laissez-la parler, jusqu'à ce qu'elle ait envie que vous preniez le relais, pour vous connaître à son tour. Vous pourrez alors entretenir avec habileté la grande énigme que vous êtes: un homme pas macho, fort de la connaissance de ses faiblesses… irrésistible! Le contenu de vos propos n'est pas déterminant pour la suite, c'est le ton, le climat qu'il faut soigner pour le moment. Elle doit boire vos paroles, pas forcément les écouter; tout est question d'atmosphère. Atmosphère, atmosphère…

Vous devez paraître doux, rassurant, timide et déterminé à la fois. Du style: Doucement, je suis pressé, vous me plaisez tellement que je suis bien décidé à y mettre le ton et le temps qu'il faudra. Elles sont très sensibles à ce jeu: vous verrez que ce sera elle qui brusquera le mouvement en mettant sa main sur la vôtre ou en vous proposant de sortir prendre l'air.

Ne vous faites tout de même pas plus débile que vous ne l'êtes. Soyez honnête au sujet de vos faiblesses et de votre timidité; cela vous rendra attendrissant, mais n'en rajoutez pas. Soyez à la fois chaleureux et «faillible».

Souvenez-vous que la drague n'est pas une science exacte. Qu'il faut négocier pas à pas le dialogue, verbal et non verbal. Que vous êtes deux à partager l'instant… et peut-être un avenir plus ou moins long. Ne préméditez pas trop, improvisez, faites appel à votre intuition (mais oui, vous en avez, vous aussi). Surtout, soyez persuadé que les gentes dames et demoiselles n'ont aucune intention de se passer de vous. Et bonne chance !

D'AUTRES LIEUX À EXPLORER POUR MADAME ET MONSIEUR

Comme tout est possible pour nous, hommes ou femmes célibataires, la première rencontre est toujours imprégnée de rêve et d'espoir. Nous avons la chance d'improviser tous les jours. Nous sommes libres de faire des rencontres. Les relations se suivent et ne se ressemblent pas, mais évoluent. On vit d'abord l'illusion de la séduction, puis on en conserve une amitié, on se garde de l'estime, on se revoit, on se reçoit… à plusieurs.

Pour les solibataires désireux de s'offrir d'autres rencontres en cadeau, voici quelques points de départ intéressants.

Le café-philo

Le café-philo est une création qui a maintenant 20 ans. À l'origine, l'animateur de ces lieux était un philosophe. Depuis, le terme est resté mais il s'agit plutôt d'un café à thèmes, selon la personnalité de l'animateur, toujours bénévole. Dans un coin tranquille ou en arrière-salle, on choisit à plusieurs le sujet de l'échange, on vote et le débat commence.

Actuellement, le café-philo – véritable vivier de célibataires – se répand partout dans le monde et, les débats favorisant la parole, je conseille aux solibataires d'y courir. À chacun le sien ; on trouve les adresses par le bouche-à-oreille ou dans Internet (philos.org). Les activités ont lieu en fin de journée ou durant le week-end et la grande majorité des gens qui y participent vivent seuls.

Certains célibataires actifs organisent chez eux des débats sur des sujets variés - voyages, professions, passions - choisis par les participants qui se proposent d'intervenir. Il suffit de se réclamer d'un des participants. Ces initiatives ne sont annoncées nulle part, mais les plus malins en prennent connaissance en sortant et en se renseignant, notamment dans les cafés-philo. Chacun, chacune peut créer ce genre de loisir communiquant et se trouver ainsi très vite entouré.

Le rendez-vous express

Certains cafés proposent des rendez-vous express sur réservation par Internet, ce qui constitue une façon originale et de plus en plus populaire d'établir des contacts. Moyennant une certaine somme, on vous offre l'occasion de rencontrer sept personnes du sexe opposé (cela doit exister aussi pour les homosexuels) et de votre génération avec qui vous allez échanger durant sept minutes chacune. Si le *feeling* est de la partie, il suffit d'échanger cartes de visite, adresses électroniques, numéros de portable, etc., pour se revoir.

Il s'agit là d'une bonne idée amusante dans laquelle la séduction est bien présente. Et ça marche...

Les clubs de loisirs pour célibataires

On ne doit pas confondre les clubs de loisirs pour célibataires avec les clubs de rencontre, qui sont voués aux rencontres, comme leur nom le dit si bien, mais qui s'adressent indifféremment à tout le monde, que l'on soit disponible ou non. Sous ce label, on trouve des boîtes spécialisées en tout genre, ce qui signifie qu'il vaut mieux se renseigner avant d'y entrer.

Les clubs de loisirs pour célibataires organisent des activités sportives, des activités ludiques, des jeux de société, des sorties et, bien sûr, des dîners et des soirées dansantes.

En France, le club de loisirs le plus important en nombre d'adhérents - Eurofitclub - est installé sur trois étages au centre de

Paris, ce qui lui permet de proposer tous les soirs une multitude d'activités diversifiées à des hommes et des femmes disponibles.

Des associations se sont créées partout en France, alors à vous de chercher dans l'annuaire ou dans Internet pour vous renseigner ou pour en créer une à votre tour.

LES PETITES ANNONCES : UNE MINE D'OR !

Oubliez l'image surannée de certains mensuels, dernier recours des « vieilles filles » et « vieux garçons » que leurs familles désespéraient de caser un jour. C'est dépassé ! Avez-vous seulement lu les annonces des journaux réputés pour cette rubrique ? Allez... je suis sûre que oui, même si, dans un premier temps, c'était pour en rire.

On trouve de tout dans les petites annonces. Toutes les propositions, honnêtes ou malhonnêtes : depuis les « 5 à 7 » des hommes et femmes mariés (qui ne s'en cachent pas) jusqu'à la recherche d'une « relation sérieuse ou plus, si affinités », en passant par les offres de croisière ou de vacances avant l'été. Homos et hétéros, relations à deux, trois, quatre ou plus, tout y est !

En ce qui me concerne, j'ai aussi tissé des liens d'amitié par l'entremise des petites annonces. Soit parce que c'était mon but (je l'avais signalé dans mon texte), soit parce que j'ai rencontré des hommes fort sympathiques. Cupidon étant absent au rendez-vous, je les ai présentés par la suite à des amies. Soirées et dîners se sont ainsi trouvés régénérés grâce à ces nouvelles têtes et des relations sentimentales se sont nouées.

Mais revenons à nos petites annonces. Vous avez le choix entre deux formules : l'offre et la demande, c'est-à-dire y répondre ou en faire paraître une. Répondre coûte moins cher. En France, par exemple, pour faire publier une annonce bien ciblée dans un hebdomadaire à grand tirage, vous devrez débourser la même somme que pour acheter un vêtement griffé Cacharel. Reste à savoir ce qui vous sera le plus profitable.

Les trois lignes d'une annonce ne vous en diront toutefois jamais autant qu'une lettre de trois pages en réponse à votre propre annonce. Sans compter l'analyse graphologique qu'avec un peu d'apprentissage et d'habitude vous pourrez effectuer. Vous aurez parfois même une photo en prime!

En répondant, vous vous révélez. Évidemment, vous pouvez aussi répondre avec une carte de visite ou un mot signé d'un faux prénom et accompagné d'un numéro de téléphone, mais vous aurez peu de chances ainsi de mobiliser l'annonceur.

En rédigeant votre annonce, vous ciblez votre «créneau». Rien n'est plus amusant et instructif que de libeller un texte pour qu'il colle au plus près de votre recherche. Mais ne pensez pas que les réponses iront dans le sens de ce que vous demandez. Vous aurez des surprises! Pour ma part, voilà quelques années, j'ai fait passer l'annonce suivante: «Mi-Girardot, mi-Schneider cherche mi-Montand mi-Piccoli.» Il n'est pas évident au premier regard que je sois le sosie de ces actrices. On me demandait: «Dans quel sens, la ressemblance: verticale ou horizontale?» Je m'en sortais en parlant des affinités morales. Mais si vous aviez vu les «doublures» des deux acteurs masculins! Strictement rien à voir, à aucun point de vue. Les lecteurs avaient dû arrêter de lire l'annonce à la moitié de la phrase et attendaient la vedette bicéphale. En tout cas, j'ai passé un été fort divertissant!

Pour ma seconde expérience, vu les retombées plutôt décevantes de la première annonce, j'ai limité mon investissement financier et opté pour un texte court: «Femme rare cherche homme rare» (sans complexes!). J'ai reçu 120 réponses! Et j'en garde quelques bons souvenirs, depuis un week-end à Deauville jusqu'à un parcours intello du Paris des années 1950.

À prendre et à laisser

C'est palpitant d'aller à un rendez-vous de petite annonce, après avoir trié les lettres. Une fois éliminées – quant à moi, en tout cas – celles des mariés esseulés du mois d'août et les missives un peu trop directes en matière d'urgences sexuelles, on prend son téléphone pour faire le premier pas. On teste alors la voix, l'humour, la tristesse, la timidité, l'audace, etc. Attention! Vigilance et détermination sont de rigueur: ne donnez pas de rendez-vous à la personne qui ne correspond pas à vos critères.

J'ai eu personnellement recours aux petites annonces lors de mon arrivée dans la capitale, un été sans amis. Il fallait absolument que je fasse quelque chose sous peine de rester complètement isolée. Ce petit jeu m'a aidée à me distraire et à m'instruire sur la gent masculine: déchiffrer les lettres, être attentive aux voix, palpiter avant les rencontres - la première, toujours à midi! Emballement, déception, franche camaraderie, tout peut être au rendez-vous. Aventures de trois jours, de trois mois. Visite de Paris avec trois architectes (pourquoi y en a-t-il tant qui répondent aux annonces?), chacun à sa façon. J'ai ainsi découvert l'île Saint-Louis sous trois aspects différents: historique, gastronomique et romantique, en flânant le soir le long des quais.

Je me rappelle avoir classé les 120 lettres en trois grosses enveloppes: «Oui», «Peut-être» et «Non». Pardonnez-moi, Messieurs, mais il m'est arrivé aussi de diriger certaines lettres vers des amies auxquelles le signataire semblait mieux convenir qu'à moi. Question d'âge et de goûts. Elles ne me l'ont pas reproché, eux non plus!

Considérez les photos avec méfiance, car elles réservent des surprises. Ceux qui en envoient ne sont pas forcément les plus gâtés par la nature; sans doute est-ce par souci d'honnêteté qu'ils le font. Les autoportraits peuvent aussi être trompeurs. Je me souviens d'avoir longtemps hésité sur le lieu d'un rendez-vous avant d'aborder l'homme que je devais rencontrer. La description des vêtements était bien exacte, mais pour le reste... Sans doute 15 bonnes années de plus que ce qui avait été annoncé et un physique qui n'avait rien à voir avec celui que j'avais imaginé. Mais j'ai assumé, je suis allée voir de plus près. Hélas! rien dans son langage, son comportement ou sa conception de la vie ne me convenait. Il voulait se marier rapidement, ce qui ne pouvait, après un divorce, que me faire fuir.

Parmi mes 120 réponses, j'ai trouvé des lettres tapées à la machine, avec un numéro de boîte postale, des curriculum vitæ de plusieurs pages, présentés comme des dossiers professionnels, des photocopies de lettres manuscrites - réponses à la chaîne écrites une fois pour toutes. Il ne restait plus que les enveloppes à faire chaque semaine. Sans compter une liste impressionnante de numéros de téléphone de bureau, à utiliser aux heures ouvrables (attention, épouse !).

J'ai reçu plusieurs invitations au restaurant : « Tel jour, telle heure, tel endroit, demandez Maurice. » Il y avait même une invitation dans un restaurant érotique, mais j'ignore encore de quoi il s'agissait, puisqu'elle s'est engouffrée dans l'enveloppe des « Non » ! J'ai même eu droit à un rendez-vous au Club Méditerranée en Corse, le 20 du mois en cours !

Des rencontres-surprises

Ces expériences m'ont apporté une ouverture sur des mondes nouveaux, sur des personnalités souvent intéressantes, et je ne regrette rien.

J'ai ainsi connu un saxophoniste de la Huchette, un diamantaire, un scénariste, etc. J'ai toujours donné mes premiers rendez-vous à midi. Le soir pour moi est plus équivoque et peut entraîner le monsieur à vous ramener chez vous, histoire de démontrer sa bonne éducation. Si ce n'est pas le coup de foudre, cela peut entraîner des difficultés inutiles.

Répondre à une annonce est un comportement plutôt passif. Il est très difficile de se décrire dans une lettre en ignorant tout de son destinataire. Même s'il se dit « intelligent, cultivé, possédant humour et tendresse », que voulez-vous répondre à une telle présentation ? C'est à la fois trop et trop peu. On se sent peu de chose à côté.

Ensuite, il va falloir attendre l'appel téléphonique : qu'a-t-il trouvé dans mon écriture, mon style ? Qu'ai-je écrit pour lui déplaire ? Alors qu'avec une centaine de réponses à une seule annonce, vous éviterez de vous perdre dans de telles incertitudes.

Il faut agir vite, cependant. Débordée par ce monstrueux courrier (un soir, ma concierge m'a apporté trente-huit lettres, sans commentaires, l'air intrigué), j'ai mis trois mois à trier, à demander conseil, à téléphoner, en me limitant à trois appels par semaine. Entretemps, certains de ces messieurs s'étaient vexés ou avaient trouvé chaussure à leur pied - sans doute ceux qui avaient expédié 200 curriculum vitæ durant l'été.

Cette année-là, mes finances étaient trop basses pour que je puisse partir en vacances. Mais j'ai voyagé à ma façon à travers des visages, des récits, des passés de tous les horizons. Je suis tombée amoureuse, de temps en temps. Une balade main dans la main, un bistrot chaleureux à deux, des coins de Paris à découvrir, autant de bons moments, légers, mais nécessaires pour se sentir bien vivante.

Ne craignez pas les petites annonces. Mais apprenez à vous en servir, sans préjuger de l'avenir. Regardez ces hommes ou ces femmes sans *a priori*. Soyez attentif à ce qu'ils vont vous apprendre sur eux et peut-être sur vous. N'en attendez rien d'autre que des rencontres-surprises, à condition, bien sûr, d'aimer l'improvisation. Sinon, gare à la routine, à l'isolement, à la boîte de sardines tous les soirs devant la télé. Pensez à vous, que diable! Et ne dites pas que vous ne rencontrez personne. Tout est à votre portée, optez pour le risque de vos désirs et non pour le désespoir de vos regrets.

EXIT, LE MINITEL, ET VIVE INTERNET!

Les serveurs 3614 ou 3615 permettaient déjà de communiquer, et les réseaux Minitel ne se déclinaient pas tous en «rose», comme certains ont voulu le faire croire. Les tabous seraient-ils tombés ou est-ce devenu plus élégant de posséder un ordinateur plutôt qu'un petit écran des télécommunications?

Toujours est-il que l'on ose maintenant parler ouvertement des rencontres par l'entremise d'Internet, alors que l'on se cachait pour utiliser le Minitel aux mêmes fins. Les Webcafés se multiplient et permettent à tous d'utiliser ouvertement cet outil sans investir dans l'achat d'un PC.

Je voudrais croire qu'il y a là le signe d'une reconnaissance du solibataire et de son droit de faire des rencontres au-delà du périmètre permis des agences de rencontre et des cercles d'amis. Les dossiers et les articles qui abordent ce sujet dans la presse sont de moins en moins dévalorisants ; sur un ton qui n'est plus péjoratif, on y parle ouvertement des lieux de rencontre et des moyens d'établir des contacts ; les mots « solitude » et « rencontre » y sont prononcés sans états d'âme. La personne libre va peut-être enfin prendre place officiellement dans la société au même titre que le couple qui, lui, est reconnu depuis toujours.

Il faut savoir que dans le site Internet de rencontre le plus fréquenté, on peut échanger des messages avec plus de 400 000 personnes disponibles à la recherche de compagnie. Les femmes qui ont encore des réticences à plonger dans ce « vivier » seront heureuses d'apprendre qu'il y nagerait trois prétendants pour une prétendante. Mesdames, qu'on se le dise et qu'on se dépêche d'aller vérifier !

Il suffit de bien lire le mode d'emploi, très simple, sur l'écran, puis de cibler la région de la recherche, l'âge (ratisser large) des solibataires disponibles, leur situation de famille, profession et centres d'intérêt. Ensuite, on lit les nombreuses fiches et surtout les textes libres qui les accompagnent pour choisir à qui envoyer un message d'entrée en matière. Si vous consacrez quelques minutes par semaine à votre « pêche » et que, en plus, vous savez repérer et choisir en assez grand nombre les personnes qui vous plaisent, vous établirez rapidement le contact avec des femmes et des hommes de qualité, disponibles, que vous n'auriez probablement jamais fréquentés dans votre milieu habituel. Il est reconnu qu'Internet est le moyen le plus efficace pour faire des connaissances, et ce, en respectant une prudence élémentaire, puisque vous pouvez préserver votre anonymat aussi longtemps que vous le souhaitez et aller avec discernement vers celui ou celle qui vous fera vibrer sur les registres affectif, intellectuel, physique et peut-être même spirituel.

Étant donné que, avec ce mode de rencontre, le contact visuel prend place après l'échange écrit et oral, il est bon de garder la tête froide et les pieds sur terre tant qu'on ignore si Cupidon sera de la partie. Néanmoins, un contact répété et bien mené par écrit doit indiquer si on a des valeurs et des goûts en commun ; ensuite, le contact téléphonique fera apparaître ou non la connivence et les rires ; puis, si tout va bien mais que l'image ne séduit pas, vous vous serez très probablement fait un ami ou une amie.

Préparez votre texte soigneusement, comme si vous destiniez votre annonce à la presse écrite (*voir p. 111*), mais sans utiliser d'abréviations, en faisant des phrases entières, dans un style qui vous ressemble, et en signant d'un pseudonyme qui fait écho à votre personnalité ou à vos passions. Attention aux pseudonymes suggestifs. Certaines personnes reprennent le titre d'un livre ou le nom d'une héroïne ou d'un explorateur pour signifier déjà leurs penchants ou leurs ressemblances. Ne négligez pas votre rédaction tout en sachant que vous pouvez la modifier à tout moment et mobiliser d'autres personnes, au besoin, selon le texte (toujours lucide et sans tricherie). Faites preuve d'originalité, brossez de vous un portrait moral attrayant et lucide dans des mots qui vous ressemblent ; que vous soyez romantique, épicurien, explorateur ou humoristique, faites-le savoir. Inutile d'en mettre trop en ce qui concerne vos critères de sélection à l'égard de l'autre : nous souhaitons tous rencontrer des êtres séduisants et sincères, et chacun de nous croit, à tort ou à raison, faire partie de cette catégorie.

Le plus important, c'est la raison pour laquelle vous êtes là et dans quelles perspectives vous placez une annonce. Hormis la rencontre d'un soir, qui demeure possible là comme ailleurs, si vous souhaitez une « vraie » histoire qui tient la route, précisez-le ; l'autre se reconnaîtra dans votre souhait ou ira voir ailleurs : ainsi, le tri se fait d'emblée. Lors de l'échange du premier message, demandez ce qui a motivé l'internaute à vous « aborder » et vous saurez vite si elle ou il a bien lu vos perspectives d'avenir à deux.

Un projet de vie sentimentale peut se concevoir – et se décrire – de mille façons ; ainsi, des souhaits tels que « cheminer ensemble hors des sentiers battus», «continuer à découvrir le monde» ou «échanger idées et câlins au coin du feu» n'entrent pas dans le même cadre de vie ni de recherche…

Les annonces de personnes du même sexe que vous peuvent vous inspirer, bien que beaucoup d'entre elles soient banales; faites que la vôtre soit «top niveau» et vous mobiliserez des internautes «top niveau».

Là comme ailleurs, il faut agir avec prudence (et non méfiance): évitez que votre numéro de téléphone soit repérable sur les afficheurs téléphoniques en le mettant sur la liste rouge de votre fournisseur de services en télécommunication. Dans Internet, les «conjugaux» qui désirent semer leurs partenaires légitime et illégitime se protègent derrière un numéro de portable. Donnez le vôtre et acceptez celui qu'on vous donne, dans un premier temps, mais jamais au-delà d'une rencontre. À vous de repérer les faux célibataires parmi les 10 millions de vrais (en France). C'est facile, mais beaucoup choisissent de jouer à l'autruche et de ne pas vérifier. À chacun ses risques, mais comment ignorer le fait qu'une personne non disponible ne donne jamais son numéro personnel, n'est presque jamais libre le week-end, ne reçoit pas à son domicile et a souvent du mal à parler de ses vacances à la première personne?

En ce qui concerne le lieu de la rencontre, la méthode est la même que pour les annonces destinées à la presse: choisir un lieu calme, central et sympathique; proposer une fin de matinée ou une après-midi en week-end; prévoir du temps libre afin de pouvoir prolonger, le cas échéant, un échange d'ores et déjà fructueux.

Bien que pour vous, soliste en mode prospection, le fait d'oser rencontrer qui vous plaît soit un signe de santé et de bien-vivre, rien ne vous oblige cependant à aller le soir même à minuit prendre un verre chez un pur inconnu ou une parfaite étrangère, ni à décider dès le premier message qu'il s'agit de l'homme ou de la femme de votre vie. Si on ne gagne pas à tous les contacts, on est au moins sûr de passer des moments sympathiques en tête-à-tête avec quelqu'un du sexe opposé. Partenaire de café, de restaurant ou de balade, vous ne perdrez pas votre temps et apprendrez beaucoup sur vous et les autres. Et si Cupidon n'est pas au rendez-vous, pensez aux copines et aux copains : proposez à tous les solibataires agréables que vous rencontrerez de les réunir avec vos amis libres ; cela vous évitera de laisser tomber celui ou celle qui ne soulève pas en vous un *feeling* irrésistible et, en attendant l'amour, vous créerez un réseau d'amitiés et de fêtes.

En ce qui a trait aux *chats*, des sites voués au bavardage électronique, certains les utilisent à des fins de rencontre, mais il s'agit là d'échanges immédiats et spontanés, ce qui sous-tend le risque de se faire manipuler. Les rendez-vous s'y donnent trop rapidement, on a moins de temps pour réfléchir et on risque davantage de commettre des erreurs d'aiguillage. Mieux vaut garder le *chatting* pour jouer à des jeux de séduction faciles ou tisser des liens d'amitié, notamment si vous visitez des sites consacrés à vos centres d'intérêt : voyage, musique, peinture, cafés-philo, etc.

LE RÉPONDEUR TÉLÉPHONIQUE, CHER COMPAGNON

Grâce à Internet, vous pouvez communiquer de près ou de loin avec des correspondants inconnus, passer un moment à jouer ou entamer une relation. Tout y est possible, surtout pour nous, célibataires. Nous n'avons pas besoin de pianoter en cachette, pendant que le conjoint sommeille.

Le répondeur, outil indispensable de la vie en solo, mais en nettement moins onéreux, vous permet aussi de vous sentir entouré en rentrant chez vous. Il conserve précieusement les messages les plus chers et les dernières nouvelles des copains. Il vous confirme que l'on pense à vous.

La voix, en cette fin de siècle, a pris beaucoup d'importance à travers magnétophones et répondeurs. Avez-vous déjà reçu ou envoyé une cassette à la place d'une lettre ? Quelles sensations différentes ! Un timbre de voix, des intonations, des soupirs, des hésitations, une inquiétude qui plane, l'émotion qui fait trembler les cordes vocales. Les mots ainsi fixés sur une cassette restent longtemps présents. Que de phrases aurais-je souhaité enregistrer pour les écouter plus tard, sur mes vieux jours, au coin du feu ! Mots doux, compliments, échanges complices, etc. Ah ! Si nous disposions d'enregistrements de Lamartine ou du cher Victor !

Le message muet

Mais revenons à cet appareil remarquable qu'est le répondeur. Aujourd'hui, peu de gens raccrochent en entendant la voix enregistrée. Le célibataire qui a un répondeur vous laissera toujours un message, ne connaissant que trop la frustration des bips-bips interminables.

Plusieurs raisons peuvent expliquer les messages muets sur votre répondeur. Ce que l'on a à vous dire n'est peut-être pas très clair et plutôt difficile à exprimer seul face à l'enregistreur. Cela peut attendre. Ou bien on tient à vous signifier des choses pas très agréables à entendre, ce qui, le cas échéant, justifie d'attendre encore plus longtemps. Ou encore la personne au bout du fil est d'un autre siècle et préfère vous appeler trois fois par jour jusqu'à ce qu'elle vous parle directement. Cela se traduit par des bips-bips quotidiens dont le lâche auteur ne se fera pas toujours connaître. À vous de résoudre l'énigme.

Plus sournois sont les amoureux transis qui se délectent à l'écoute de votre voix, trop émus pour pouvoir laisser d'autre trace qu'un long soupir sur votre cassette. Charmant, mais peu efficace. À moins que vous n'ayez vite repéré le « soupirant », que vous soyez dans le même état et n'attendiez que ce soupir pour y croire ! Dans ce cas, appelez-le maintenant, comme par hasard. Ne lui dites surtout pas que vous savez... ou alors bien plus tard !

Autre éventualité de non-message : l'homme ou la femme à qui vous plaisez, mais qui ne veut surtout pas se poser en demandeur. Il ou elle appelle pour vérifier que vous êtes là. La jalousie l'anime déjà ! Il essaie de repérer vos entrées et vos sorties et attend fébrilement en se rongeant les ongles. S'il est vraiment pervers, ce genre de personnage ira jusqu'à vous raccrocher au nez quand il vous trouvera chez vous. La méfiance s'impose : introverti ou névrosé à l'horizon. À éviter. Sauf si vous êtes maso !

Les bonnes annonces du répondeur

Comment éliminer les messages muets ? En libellant un message-annonce engageant, rassurant. J'en ai testé plusieurs, que je vous livre ici :

- « J'espère que vous ne faites pas partie des 27 % d'interlocuteurs qui ne laissent jamais de message sur un répondeur ? » Style propre à susciter la vanité des personnes sensibles aux sondages !
- « Si vous savez ce que c'est qu'un message muet, vous ne me ferez sûrement pas subir cette frustration. Allez, faites un effort ! » Là, vous convaincrez les gens sensibles, mais vous risquez d'encourager les sadiques.
- « Vous pouvez tout dire à mon répondeur, il me transmettra fidèlement votre confidence. » Dites-le avec une voix doucereuse ou neutre, à la manière d'une présentatrice télé, pour mobiliser les intimistes, les timides, voire les paranos. Je dois admettre que cette annonce m'a valu deux déconvenues. La première, avec un employeur à qui j'avais adressé un rapport manuscrit. Il m'a laissé ce message : « Puisque je peux tout dire, je vous signale que vous avez une écriture illisible. Passez donc me voir dès que possible ! » La seconde, de la part d'un ex : « Je suis heureux d'entendre qu'il y a au moins quelqu'un de fidèle chez toi ! » Sans commentaire. J'ai aussi essayé :
- « Je ne suis pas loin et je vous écouterai très bientôt avec joie. » Toujours rassurant pour les impatients qui vont croire à votre appel immédiat. Ce message indique que vous écoutez souvent votre répondeur et que vous l'interrogez quand vous êtes

absent. Pour peu que vous soyez amoureuse, à l'affût de «son» appel, vous foncerez à toute heure dans les cabines téléphoniques.

Les mauvaises annonces

À éviter, même si c'est la vérité:

- «Je suis là, mais je filtre. Amis, présentez-vous, je décrocherai.» Un tel message a l'avantage de signaler sans aucune ambiguïté quels sont vos amis... et les autres. À vous de prendre le risque. Le répondeur permet de travailler sans être dérangé, en écoutant les messages d'une oreille plus ou moins distraite. On rappelle ensuite, en toute disponibilité.
- «Pensez au plaisir que j'aurai tout à l'heure à entendre votre voix, ne me laissez pas souffrir plus longtemps.» Nettement aguichant. Un tel message étant destiné à l'objet de vos désirs du moment, toutes vos relations penseront que vous êtes amoureuse! À éviter si un soupirant indésirable rôde dans les parages.
- À éviter aussi, même si cela vous paraît utile, le message individualisé à la suite de votre annonce. Du style: «Et maintenant, voici un message personnel pour Jacques: pour notre rendez-vous de demain, j'aimerais bien souper aux chandelles chez toi.» De quoi faire fuir tout autre prétendant et vous valoir les quolibets de quelque collègue de travail ayant besoin de vous joindre chez vous ce jour-là.
- «Je suis dans mon bain... mais je vous entends. Soyez gentil, tenez-moi compagnie quelques instants.» Dans ce cas, bien installée dans votre baignoire, montez le son du répondeur et délectez-vous de quelques discours amoureux... si le truc marche. Pour peu que l'image de votre corps flottant dans un nuage de mousse bleutée inspire le correspondant, vous pourrez jouir en toute quiétude de sa prose idyllique! À moins qu'il ne s'agisse de dramatiques confidences de la vieille tante rhumatisante ou d'une copine en plein spleen. Comme vous aurez la

flemme de sortir de l'eau en dégoulinant pour aller arrêter l'appareil trop bavard, vous devrez subir la litanie jusqu'au bout!

- «Je reviens dans une demi-heure.» Nul: à quelle heure êtes-vous partie?
- «Je serai là à partir de telle heure.» Message risque-tout: des malandrins peuvent ainsi repérer les heures «ouvrables» durant lesquelles ils peuvent vous cambrioler en toute quiétude. Il m'arrive toutefois de laisser un tel message en le renouvelant d'heure en heure: «Je reviens à 14 h 00», «à 18 h 00», «à 20 h 00», quand je suis amoureuse, pour être sûre de ne pas rater son appel. Je cours comme une folle en rentrant du travail, des courses, des rendez-vous, dépendante de cet engin qui me surveille et m'attend à heures fixes. Alors que tout le monde sait très bien que lorsqu'on veut vraiment joindre quelqu'un, on y arrive toujours.

Les précautions à prendre

C'est l'un des miracles du répondeur: on ne peut pas ne pas vous joindre. Il ne laisse la possibilité d'aucun alibi du genre: «Je t'ai appelé plusieurs fois.» Le répondeur est là, à poste fixe, pour tout noter, surtout les numéros de téléphone et les heures pour rappeler. Car n'omettez pas de signaler: «Je vous remercie de laisser vos coordonnées après le top sonore et de m'indiquer l'heure à laquelle vous souhaitez que je vous rappelle.» Que veulent-ils de plus?

Vous comptez sortir tard le soir? «Je reviens tout à l'heure.» Et pour ceux qui pourraient craindre que vous découchiez: «Et dites-moi jusqu'à quelle heure je peux vous rappeler sans vous réveiller.»

Vous prévoyez effectivement découcher ou vous espérez bien ramener chez vous la personne avec qui vous allez dîner? «Je ne voudrais surtout pas vous réveiller ce soir, mais je vous rappellerai dès demain matin.» Soyez prudent quant «au matin» car, qui sait, vous pourriez avoir envie de vous attarder au petit-déjeuner.

À propos, une précaution à prendre : quand vous recevez une visite galante, vérifiez que le volume de votre répondeur est à zéro. Rien de plus horrible, quand vous êtes avec quelqu'un à l'orée de l'intimité, que d'entendre : « Chérie, ça tient toujours pour notre week-end ! » La soirée serait fort compromise. On a beau être célibataire et libéré, mettez-vous à la place de votre partenaire. D'autant que le répondeur est là pour vous donner une disponibilité totale. Vous n'avez aucune inquiétude à avoir puisque vous pourrez écouter tranquillement vos messages après son départ. Ne négligez pas ce genre de détail : une vie de célibataire, ça s'organise !

Et le répondeur de l'autre. Il est toujours branché ? Il doit être en déplacement, pour affaires, dans sa famille, ou ailleurs (vérifiez si c'est le cas la nuit aussi). Ou bien il filtre ses communications. Ou, pire, il vous évite ! Conservez une prudence élémentaire. Si c'est le début d'une relation, laissez un message, pas deux. Une phrase aimable, encourageante, sans plus. Ensuite, attendez un peu. Puis pensez à autre chose, à quelqu'un d'autre.

Très utile dans la relation sentimentale, le répondeur l'est aussi pour votre profession (si vous travaillez chez vous, les messages que j'ai suggérés précédemment ne sont valables que les week-ends) et pour les copains (je veux dire, les amis « verticaux »). De retour de voyage, j'ai pu ainsi me délecter à écouter quarante-quatre messages… dont huit seulement étaient muets. Quel plaisir de lire ce chiffre sur le compteur de l'appareil, que je consulte dès mon arrivée. J'ai hâte de le retrouver quand je pars plusieurs jours. Je m'installe près de lui, dans un bon fauteuil, un verre à la main, et je l'écoute, attentive, me raconter tout, tout, tout. J'écoute tous ces amis qui ne m'ont pas oubliée, qui attendent mon retour et ma voix…

Pour vivre seule mais entourée, procurez-vous ce « conservateur d'amitiés ». Et mettez de côté les messages les plus doux pour vos vieux jours. On n'a jamais assez de souvenirs bien vivants des moments privilégiés !

LE PORTABLE : POUR LE MEILLEUR ET CONTRE LE PIRE

Profitons du téléphone cellulaire comme nous le faisons de tout accessoire destiné à nous simplifier la vie, mais appliquons-nous à l'utiliser pour mieux communiquer sans en devenir les esclaves. Par exemple, avoir son portable sur soi mais l'éteindre quand on a de la compagnie me semble la moindre des politesses. Rien n'est plus désagréable que d'être interrompu par la sonnerie d'un portable dans le feu d'une discussion sympathique au restaurant ou lors d'une balade. Rien de plus pénible que de se faire couper le sifflet au beau milieu d'une conversation parce que, soumis aux aléas de sa mobilité, notre interlocuteur n'est plus en mesure de nous donner la réplique.

Que dire des conversations que l'on nous donne à entendre en public et qui permettent de tout savoir sur la vie relationnelle des voyageurs de train ou de métro ? Je trouve cela très divertissant d'entendre les fans de portable qui, dans un premier temps, s'efforcent d'être discrets mais retrouvent leur naturel à la troisième phrase ; on peut alors reconnaître l'époux que la maîtresse attend fébrilement à l'arrivée du train aussi bien que la demoiselle qui appelle papa-maman pour leur raconter un énorme mensonge quant au lieu de son coup de fil. C'est ainsi que j'ai vu miraculeusement le wagon dans lequel je prenais place se transformer en couloir de fac au gré de l'affabulation d'une minette en pleine conversation sur son portable et que j'ai entendu un autre amateur de télécommunication prétendre, sans doute à son directeur, qu'il était pris dans un embouteillage et raterait une réunion de travail, alors qu'il venait de faire la connaissance d'une femme délicieuse au bar.

Et que dire des sonneries intempestives dont le monologue n'intéresse personne ?

Dans le contexte des premières rencontres, le portable, dont le numéro figure rarement dans un annuaire quelconque, est tellement utilisé comme moyen de protéger son intimité que l'on doit faire avec. Acceptez de n'échanger qu'un simple numéro de téléphone cellulaire; toutefois, précisez qu'il s'agit là, à vos yeux, d'une mesure de prudence dont vous reconnaissez la légitimité d'un côté comme de l'autre, mais que vous jugerez nécessaire de lever cette mesure – en fournissant le numéro de téléphone de vos domiciles respectifs – aussitôt qu'une confiance mutuelle se sera instaurée et que vous serez amenés à vous revoir.

Par ailleurs, que dire de ceux et celles qui prétendent n'avoir qu'un portable et pas de téléphone fixe? Éminemment suspects et probablement conjugaux... Hormis les baroudeurs parcourant le monde et les itinérants ou les sans domicile fixe de luxe, j'en rencontre rarement; et quand les amis leur signifient que c'est très onéreux de les appeler sur leur mobile, ils font installer une ligne fixe.

Personnellement, je trouve le son meilleur chez soi que dans la rue ou en déplacement, sans compter les risques de coupure.

Faites avec votre temps... mais choisissez le confort pour être tout à fait décontracté quand Cupidon appelle. À vous de jouer! Vite! À vos claviers et à vos téléphones! Et plus, si le désir vient vous frôler...

Chapitre 6
Tout ce qu'il faut savoir sur l'idylle

Quand la rencontre a eu lieu et que tout commence... Je n'ai pas l'intention de vous expliquer comment vous marier ou vous installer dans le concubinage (l'horrible mot...) ou l'union « libre » (les autres ne le seraient-elles donc pas ?). Nul ne sait quels contours et détours peuvent prendre des relations. Les plus courtes sont-elles les meilleures ? À vous de juger !

Mais tant que nous vivons en solo, que nous pouvons encore dire « mon appartement », « mes vacances », « mon lit » et « ma salle de bains », comment faire rimer célibat avec vie affectivo-érotico-sexuelle ? Peu de célibataires se passent vraiment de ces dimensions-là. Certains subliment dans la création ou le mysticisme (par l'élévation de l'esprit ou par refoulement ?). Bref, ils se débrouillent comme ils peuvent pour éviter en bloc plaisirs, émotions et déceptions. D'autres se cantonnent dans le « plaisir solitaire » – ce qui ne rend plus ni fou ni sourd ni aveugle. Pourquoi pas ? Bien qu'à la longue, ce genre de pratique me semble dénoter une incommunicabilité suspecte.

Et il y a tous les autres : nous, qui soupirons, espérons, vibrons, chantons au réveil et pleurons le soir même au pied d'un téléphone muet. Ce n'est pas une question d'âge. Je compte bien vibrer encore au son d'une voix ou au frôlement d'une main très tard dans ma vie, telle une vieille dame indigne.

La question, c'est : Peut-on gérer à la fois émotion, passion, désir, plaisir et raison ? Peut-on conserver les avantages du célibat et ceux de l'amour ? Voyons ce que ça donne dans la réalité.

NE VOUS EMBALLEZ PAS TROP VITE !

Un soir par hasard, comme dans la chanson, nous nous rencontrâmes. Nous nous plûmes et nous nous lançâmes une invitation à dîner.

Délicieux moment que celui où nous préparons cette soirée. Le temps de choisir les vêtements, la coiffure, le maquillage – remplacé par un doux rasage avec after-shave pour nos partenaires –, la joie nous anime, chaque détail paraît essentiel et vital.

Là, déjà, une erreur à ne pas commettre : ne dramatisons pas, pas encore. Gardons notre calme ou, du moins, essayons. Certes, il est attirant, cultivé, aisé (dans ses mouvements, bien sûr). Il a le sens de l'humour et nous avons des goûts communs. Et alors ? Cela signifie quoi ? Que nous allons bavarder agréablement. Mais pourquoi s'énerver ? Qu'a-t-il de plus que les autres ? Pourquoi craquerais-je pour celui-là ? Je ne vais tout de même pas me fourvoyer dans quelque aventure semée d'embûches sans savoir s'il est vraiment libre ou franchement cavaleur.

Voilà ce que nous nous racontons en recommençant cinq fois de suite notre maquillage. La frange ? Non, ce n'est pas son genre. Des clips aux oreilles ? Trop voyant. Une robe noire ? Un peu triste… ou trop élégant pour un premier soir. Un conseil : ne vous parez pas de tous vos plus beaux atours la première fois. De toute façon, il vous voit avec les yeux du rêve, tout de vous l'enchante. Son regard va vous dévorer… sans vous voir vraiment. Vous êtes pour le moment beaucoup plus une œuvre de son imagination qu'une personne en chair et en os. Ne dévoilez pas trop tôt toute votre séduction.

Si la relation persiste, vous aurez besoin de plus d'artifices la deuxième fois. Au troisième rendez-vous, il faudra chercher comment le surprendre. Alors ce soir, misez sur la simplicité, éclatante, mais discrète. Il ne verra que ce qu'il a décidé de voir. Vous aussi, d'ailleurs. Vous avez dans la tête votre prince charmant de la soirée. Vous lui verrez de grands yeux de velours, la carrure athlétique, une allure romantique. Sa démarche sera féline (vous l'avez déjà décidé), son discours, intelligent et son humour, irrésistible.

C'est seulement plus tard que vous remarquerez son pantalon sans pli (à moins que vous ne le lui ayez repassé), ses cheveux plutôt rares et son accent du terroir. Ah ! Cet accent ! Est-ce bien l'intonation chaleureuse qui, ce soir, vous fera défaillir ? Mais oui, c'est la même voix, mais vos illusions auront fait place à la lucidité. Peu importe. Profitez pleinement de ces moments privilégiés. Il en est peu dans une vie. Mais sachez ce qu'il en est, ne trichez pas avec vous-même.

Séduisez et soyez « séductible ». Riez et laissez-vous émouvoir. Soyez disponible de tout votre être aux émotions qui vous envahissent. Vous n'avez de comptes à rendre à personne et personne ne vous attend. Si le désir vous surprend, là non plus, ne trichez pas. Le désir n'est pas seulement une affaire d'homme. J'en connais beaucoup qui attendent que les femmes le leur expriment. Ne dites pas : « Les hommes ne pensent qu'à ça… » Vous n'y pensez pas, vous ? Dommage.

Vous avez envie de lui ? Montrez-le-lui. Vous le trouvez charmant ? Dites-lui qu'il vous plaît bien. Vous ne risquez rien, sinon qu'il vous sourie ou qu'il vous prenne la main.

Le dîner passe très vite grâce à un échange prometteur. Vous partez au mois de mai, tiens ! Lui aussi. Vous rêvez d'un safari en Afrique ? C'est justement le projet qu'il avait pour cette année. Le théâtre ? Bien sûr, qu'il aime le théâtre, et Mozart, et Verdi, et la nature… tout, tout comme vous !

Et il vit seul, bien entendu. Si vous vous laissez aller aux confidences, vous allez l'entendre dire tout ce que vous, vous pensez de votre avenir sentimental. Une vraie histoire avec une véritable communication. Non, il ne triche pas, il croit tout ce qu'il dit. Simplement, vous l'avez fasciné, il est là pour vous plaire. Comme cette connivence est confortable, même pour un soir. Ah ! L'illusion de se savoir comprise, appréciée, encouragée !

Mais ne vous envolez pas trop vite ! La seule chose qui compte, c'est l'instant. N'allez pas échafauder déjà des lendemains qui ne vous demandent rien ! Où en êtes-vous ? Où en sont vos émotions, vos pulsions ? En sortant du restaurant, après le café et les alcools, à la fraîcheur de la nuit, comment vous sentez-vous ? Posez-vous la question avant qu'il ne la pose.

Si vous êtes un tant soit peu angoissée, faites une pause. Rien ne presse et l'avenir est à vous (le vôtre, tout au moins). Vous avez le choix. Le choix de vous faire seulement raccompagner chez vous, de rentrer en taxi, de proposer une autre entrevue, ou pas. Et même le choix de le faire monter dans votre appartement à 1 h 00 du matin pour passer la nuit dans ses bras. Soyez claire ! Si vous êtes un peu embuée par plusieurs verres de sancerre, profitez de la marche au grand air pour faire le point. Dites-vous qu'il se pose les mêmes questions. Le moment est fatidique !

ESSAYEZ AVANT D'ADOPTER

Même si l'apéritif et le dîner vous ont semblé courts et faciles, il se peut que les 12 coups de minuit marquent un temps important lors du premier rendez-vous.

Si vous ne ressentez aucune angoisse, mais plutôt une envie irrésistible de lui prendre la main pour marcher un peu, n'hésitez pas. Vous savez déjà qu'il acceptera. Sinon, vous ne seriez pas encore ensemble à cette heure tardive. Ne vous privez jamais de ces plaisirs-là. Ils ne vous engagent pas pour la vie.

Au point où nous en sommes, supposons que cet homme vous plaise de plus en plus. Il va de soi que vous montez dans sa voiture et qu'il vous raccompagne. On lui a appris qu'on ne laisse pas une femme livrée à elle-même à ces heures-là.

Le trajet est souvent silencieux. Chacun se pose des questions, les mêmes, mais de façon différente. Nous sommes libérées, certes, mais jusqu'à quel point ? Voilà ce que se demande notre partenaire. Quant à nous, nous ignorons comment sera prise l'invitation à boire un verre (alors qu'on en a déjà vidé plus qu'il ne faudrait). Il dira oui, bien sûr. Mais va-t-il croire que nous faisons monter systématiquement chez nous nos partenaires de dîners ? Vous voyez combien cela est délicat. Libérées, certes, mais tout de même.

Seule la simplicité peut vous sauver : soyez honnête avec vous-même et ne vous embarrassez pas de questions. La seule question importante est résolue : il vous plaît. Vous n'avez qu'une hâte : qu'il vous embrasse. Alors faites le nécessaire, il se chargera de la suite...

Si cet échange-là répond à vos espérances, si votre complicité physique est aussi intense que le dialogue autour des huîtres, la suite doit être facile. Laissez-vous aller, il fera de même.

En revanche, si vous entreprenez, aussitôt arrivés chez vous, une discussion autour de la force nucléaire, chacun figé sur une chaise à 2 m l'un de l'autre, tout est à reprendre de zéro.

À vous d'entretenir l'ambiance dans l'ascenseur, en vous blottissant légèrement contre sa poitrine d'athlète ; les choses sont en bonne voie. Mais si vous le plantez dans le salon, debout, sans un verre, avec une revue consacrée au monde de la finance, pendant que vous vous attardez une heure durant dans la salle de bains, ne vous étonnez pas de le retrouver mal à l'aise. Il faudra un déshabillé extraordinaire et votre plus beau sourire de 2 h 00 du matin pour reprendre la conversation là où vous l'aviez laissée.

Je ne vous ferai pas un cours sur les préservatifs, mais il faut y penser. À vous – et à lui – de prendre vos responsabilités. Vous êtes adultes et vous lisez les journaux. Les prémices d'une relation peuvent évidemment en souffrir, mais vous risqueriez d'en souffrir beaucoup plus gravement en négligeant cet aspect de la question !

Si la nuit se passe modérément et ne répond pas à vos attentes, la responsabilité est à partager. Attendez tout de même une prochaine fois avant de juger de votre potentiel respectif. Si la nuit est radieuse et triomphante, ne vous laissant pas fermer l'œil avant 6 h 00 du matin, le partenaire est à considérer de près.

Je ne veux pas dire qu'une relation se limite à cet aspect sexuel, mais tout de même, nous savons tous que l'amour bien fait n'est pas chose si courante. Que l'intimité réussie, les gestes qui vont sans les dire, la complicité des tendresses et des émotions de chacun, c'est assez rare pour mériter qu'on s'y attarde.

Et pourtant, c'est à partir de là que tout peut changer. Reprenez tout votre calme pour prêter attention au moment du petit-déjeuner.

Ne croyez pas ce que vos grands-mères n'ont cessé de vous répéter: un homme ne fait pas «ça» comme un sport, telle une performance de plus. Ou alors, vous l'auriez mal choisi. J'ose espérer que cette race est de plus en plus rare. Pour ma part, je n'en ai jamais rencontré de près. C'est peut-être ce qu'ils se racontaient entre eux, quand il était mal vu de passer pour sensible. C'est peut-être ce que les mères abusives - j'espère qu'elles se raréfient aussi - ont voulu faire croire aux filles pour les éloigner de leurs chers petits.

Les hommes ont une âme... Mais oui! Et aussi une sensibilité. Ils souhaitent comme vous l'Aventure et pas forcément «les aventures». Mais, comme nous, ils ont une fragilité exacerbée par des expériences malheureuses. Comme nous, ils ont besoin d'amour, pas d'encerclement, encore moins d'étouffement.

Ils savent, peut-être plus que nous, à quel point un prétendu amour peut être possessif. Ils l'ont souvent vécu très jeunes avec ces mères que nous essayons de ne plus être. Et ils fuiront si quelque chose en vous le leur rappelle. Cela peut être un tout petit rien: leur repasser, par hasard, une chemise, alors que le célibat leur a appris à faire face à ce genre de corvée, sans vous.

Ils nous veulent aimantes et même exclusives, mais libres, ayant d'autres centres d'intérêt que leur seule présence. Eux savent s'occuper à d'autres choses que nous, ils l'ont appris depuis longtemps. Nous, nous balbutions dans le domaine des activités extérieures, des centres d'intérêt personnel, de la passion pour notre métier. Alors, ne le cernez pas, écoutez-le à son rythme.

NE LE BRUSQUEZ PAS

Si tout s'est vraiment bien passé entre vous, à tous les niveaux - intellectuel, affectif, sexuel -, c'en est peut-être trop pour lui. Il va lui falloir du temps pour rationaliser, trouver une logique rassurante à cette tempête d'émotions. Puis il va tenter de s'intéresser à autre chose, peut-être à quelqu'un d'autre... et alors? On ne trouve pas tous les jours quelqu'un comme vous, ou plutôt, sans flagornerie, une relation satisfaisante à tout point de vue. Il risque d'essayer de s'échapper, mais ne vous inquiétez pas, il serait étonnant qu'une ancienne maîtresse retrouvée lui donne l'élan que vous avez su provoquer ou qu'une petite amie fasse le poids.

Il reviendra, avec le temps qu'il lui faudra. J'ai remarqué que les femmes sont plus rapides dans leurs réactions. Si, après une telle soirée prolongée, on ne les rappelle pas le jour même, ou dans les 48 heures, c'est la panique! Lui, il lui faudra peut-être deux bonnes semaines pour se remettre de ses émotions, changer d'air en se disant qu'il « déconne » complètement - ce qu'il n'aime pas - et s'apercevoir que vous lui manquez.

Le temps agit pour vous. Sinon, c'est qu'il n'y a rien à faire. Les gibiers récalcitrants, les forteresses imprenables, cela existe. C'est fort excitant, mais parfaitement masochiste de s'y attarder. Tout au plus, envoyez une carte postale au bout de 15 jours, au cas où il manquerait de confiance en lui et aurait besoin d'encouragement. Mais je n'y crois pas beaucoup. Laissez-lui le temps, ne perdez pas le vôtre pour autant.

Ne vous lamentez pas sur la vilenie de l'espèce humaine. Les autres n'y sont pour rien. Vous non plus, d'ailleurs; il arrive qu'ils nous veuillent et nous refusent en même temps. Le féminisme ne les a guère épargnés. Assumons les retombées! Nous y avons chèrement gagné une place, en prenant un peu la leur. Il faut maintenant rééquilibrer le tout pour que chacun s'y retrouve. Leur sensibilité s'est accrue, leur peur aussi. Ce n'est pas un mal, simplement un rythme à retrouver.

Mais si vos angoisses vous tenaillent nuit et jour, si vous saturez vos amies avec ce « grand lâcheur », vous avez deux solutions:

- Si vous êtes passionnée et intrépide, cédez à vos impulsions: allez chez lui, escaladez les escaliers quatre à quatre, frappez un grand coup à sa porte, et plantez-vous devant lui en grand courroux pour lui dire que vous existez et que, pour vous, une nuit d'amour aussi agréable est un début d'histoire. Vous verrez bien!

- Si vous estimez que vos angoisses vous appartiennent, qu'il n'a pas à savoir ce que vous en faites, pourvu que vous retrouviez l'équilibre sans compenser avec le chocolat, allez consulter un psychologue compétent. Vous assimilerez cette histoire. Et vous essaierez de faire mieux la prochaine fois! Pendant que vous traiterez votre problème, le temps passera et vous le retrouverez peut-être devant votre porte ou sur votre répondeur.

L'une de ces deux solutions doit être appliquée impérativement si:

- vous avez pris cinq kilos en douze jours;
- vous ne dormez plus;
- les copines vous évitent;
- vous ne remarquez plus un seul homme dans la rue;
- vous avez failli vous faire écraser au moins deux fois;
- vous vous envoyez en l'air tous les soirs, avec un homme différent, histoire d'oublier;
- vous buvez un litre de gin chaque jour, et traînez dans les quartiers à cocaïne;
- vous décidez de vous marier avec ce pauvre Paul, celui qui vous emmène chaque 1er novembre sur la tombe de sa mère et qui voudrait que vous lui fassiez des confitures.

La liste n'est pas limitative mais, vous l'avez compris, à chacune ses limites. L'histoire peut s'arrêter là, comme elle peut continuer. On peut se revoir, passer plusieurs soirées ensemble, plusieurs nuits idylliques, un week-end, huit jours de vacances… et c'est tout. C'est déjà beaucoup si tous les moments ont été appréciés et vécus à plein poumons. C'est peu si vous aviez rêvé d'une histoire presque éternelle.

Qu'il est difficile de ne pas confondre attirance physique, émotion, désir, plaisir et… sentiments. Qu'il est difficile de se laisser aller sur une épaule dans l'instant seulement, parce que c'est bon de se poser un peu.

Qu'il est difficile de vivre l'heure présente avec tout ce qu'elle apporte. Qu'il est difficile de ne pas baliser mentalement le parcours, de ne pas déjà tracer un chemin, alors que nous sommes dans une clairière inondée de soleil ! Il suffit de sentir, de respirer, de voir et de jouir de ce moment-là qui est bien à soi. Que personne ne nous prendra ! Alors que l'avenir, il n'y a rien à en dire, rien à en savoir avant qu'il ne se présente.

Chapitre 7
L'art de rompre une relation amoureuse

Eh oui, il faut bien en parler, des ruptures, car ce livre est écrit pour les célibataires qui vivent des idylles et, par conséquent, des fins d'idylles ! Les autres vivent des mariages ou des unions libres. La rupture leur semble loin. De même, si vous êtes en train de construire à deux une relation qui se veut durable, ce chapitre n'est pas pour vous.

Mais si vous êtes en période de « repérage », si vous essayez de concilier tant bien que mal célibat, autonomie, liberté et relations sentimentales, vous n'y couperez pas, vous romprez un jour ou l'autre. Des ruptures, on en pratique toute sa vie dans tous les domaines : avec ses parents, avec l'école, avec des lieux, des formations, des professions, des employeurs, des amitiés, et avec des enfants. Pourtant, rien ne nous apprend à gérer ces situations souvent difficiles à assumer sans rancune ni nostalgie.

SE SÉPARER SANS LARMES NI HAINE

Si vous n'êtes adepte ni de la chasteté absolue ni de l'engagement à long terme, inutile de tergiverser : vous êtes inévitablement confronté de temps à autre aux plaisirs des idylles et aux désagréments des ruptures.

Si le fait de trop y penser vous met sur la défensive, vous porte à vous endurcir sous une armure antiémotions, vous risquez de vous couper des vibrations vitales à la vue d'une jolie silhouette ou d'une carrure athlétique.

Refuser d'en accepter l'éventualité risque de vous plonger tout nu dans n'importe quelle histoire et d'en ressortir blessé, sans avoir rien compris. Vous serez alors la proie d'une tempête de sentiments négatifs. Vous préférerez penser que l'autre a tous les torts plutôt que de regarder la situation en face et d'en tirer les enseignements pour faire mieux la prochaine fois. Essayez d'éviter les répétitions négatives. Repérez de quel style de personne vous tombez amoureux. Peut-être craquez-vous toujours pour des « François » ou des « Verseau » ? Si vos statistiques ne sont pas aussi évidentes, livrez-vous à un tour d'horizon, pour occuper une soirée ou un week-end : passez en revue vos relations antérieures et, avec recul, analysez ce qu'elles ont en commun. Je vous assure que ce petit exercice peut vous aider à progresser dans votre démarche sentimentale. De plus, ces notes vous feront de bons souvenirs, plus tard, lorsque vous aurez perdu la mémoire.

Déterminez aussi quel grain de sable a grippé la machine. À partir de quel moment votre relation s'est-elle dégradée ? Est-ce la perspective de prendre des vacances ensemble ? L'étape de la présentation officielle à vos amis ? Peut-être êtes-vous allé trop vite ? Il n'est pas indispensable de l'emmener chez votre mère le premier dimanche.

Notez les goûts, les rythmes : rien n'est plus antinomique qu'un couche-tôt avec une couche-tard, qu'un lecteur assidu au lit avec celle qui ne supporte pas la lumière pour s'endormir. Sans parler d'autres rythmes tout aussi importants en ce qui concerne la vigueur amoureuse de chaque partenaire. Et si vous aimez les vacances à la mer alors que lui ne jure que par la montagne ? Mieux vaut faire ce genre de soupesage avant. D'autres indices sont plus insidieux et plus difficiles à détecter. Vous aurez besoin de tous vos souvenirs pour récapituler votre cursus sentimental.

Et bien sûr, vous retomberez amoureux d'un Cancer ascendant Cancer, parce que « ce sont les plus attachants » et que « c'est plus fort que vous »... Mais au moins vous serez prévenu ! Et, fort de vos expériences, la rupture sera plus douce.

DE L'UTILITÉ DES « BILANS » AMOUREUX

Je vous conseille aussi de faire parfois le point de votre relation avant qu'il ne soit trop tard pour recoller les morceaux. Quand on se demande en se réveillant le matin si on a vraiment envie de le revoir le soir même. Quand on se dit qu'on est sans nouvelles des amis, qu'on aimerait un peu sortir seul, respirer, prendre l'air, voir des films qu'on n'a pas vus parce qu'ils ne le tentaient pas. De telles réflexions sournoises doivent vous alerter.

Prenez un crayon et une feuille de papier sur laquelle vous tracerez des colonnes pour faire un bilan amoureux. Je vous assure que bien des couples devraient ainsi observer attentivement leur courbe relationnelle, chacun de son côté, et les comparer avant que le drame éclate.

Inscrivez par exemple: « Ce que j'aime chez lui (ou chez elle) », « Ce que je ne supporte pas ». Déterminez bien si vous n'avez jamais supporté qu'il pose sa brosse à dents sur votre savon ou si, pendant un certain temps, vous avez à peine remarqué cette manie.

Autre rubrique: « Mes rythmes », « Mes goûts, les siens ». Notez les écarts, les incompatibilités. Et gardez vos « fiches » afin de les comparer avec celles d'il y a trois mois ou les suivantes. C'est un bon baromètre qui permet de voir venir les nuages ou les orages. Vous n'êtes pas obligé de tenir votre partenaire au courant de vos statistiques, mais il sera toujours enrichissant de faire le point avec lui en vous aidant de vos observations, à moins qu'il ne s'agisse déjà de conclusions !

Quand vous avez détaillé chez l'autre ce qui vous convient et ne vous convient pas, évaluez honnêtement si les plus et les moins s'équilibrent. Et si le bilan était négatif ? S'il fait apparaître un déficit au lieu d'un bénéfice ? Dans ce cas, à vous de décider, après avoir toutefois abordé la situation avec l'autre : où en est-il, lui ? Acceptez de tout entendre aussi. Jouez le jeu. Il n'a peut-être pas que des choses tendres à vous dire. La période des illusions est passée, pas celle des plaisirs, mais la réalité est là. Quelqu'un a dit : « Quelle idée de vouloir toujours confondre amour et bonheur ! »

Si le bilan n'est pas franchement mauvais, parlez-en ouvertement à deux. Pour ma part, je n'aime pas le terme « concession » (un bien vilain mot !). Je regretterai toujours d'avoir gâché une soirée en allant voir *Don Giovanni* avec un homme que j'ai beaucoup aimé mais qui, lui, n'aimait pas Mozart ! Il m'avait accompagnée pour satisfaire à ma demande, il est vrai, pour me faire plaisir, mais il a bâillé du début à la fin de cet opéra remarquable ! En fait, j'aurais beaucoup mieux fait d'aller voir seule ce spectacle pour en profiter pleinement, exerçant ainsi mon droit à la différence, aussi valable pour lui.

Il n'est donc pas question de nier votre personnalité, vos besoins et vos désirs afin de vous rapprocher de l'autre : cette tricherie ne vous raterait pas à la prochaine occasion (on est toujours rattrapé par ses mensonges).

LA DISTANCE VITALE

Si la négociation de vos besoins vitaux – non respectés – s'avère impossible, vous abordez un cap important de votre relation, mais pas forcément insurmontable : il est encore temps de se quitter en toute amitié. Ne bâclez pas cette étape. Rien ne laisse un goût plus amer, rien n'est plus difficile à cicatriser qu'une rupture ratée. Vous avez « loupé » votre relation (encore que vous l'ayez réussie un temps !), sortez-en vivant. Nombre de femmes et d'hommes se montrent *a priori* agressifs vis-à-vis de l'autre sexe, et ce, simplement à cause d'un contentieux mal réglé avec le passé.

Il ou elle vous a plu. Vous avez eu des moments très agréables ensemble. N'allez pas tout gâcher ! Séparez-vous avant de connaître le pire, avant d'oublier les bons souvenirs, avant d'en venir aux injures et aux reproches définitifs. Il a été un bon amant, il restera un bon ami. Pourquoi pas ?

Il est évidemment plus facile de se séparer sans haine après une relation de quelques mois qu'après un mariage de 20 ans. Le drame des séparations vient surtout des non-dits qui s'accumulent.

Alors, appliquez ma recette, faites des bilans régulièrement et parlez-en à deux. Le contentieux, s'il existe, sera dédramatisé et la séparation sera plus douce. Il y aura simplement un «constat de situation déficitaire». Si vous êtes mal dans une relation, l'autre ne peut pas y être bien. L'amour se fait à deux!

Vous connaîtrez sans doute une étape un peu bâtarde, un peu «vasouillarde»: nostalgie, mal-être et surtout distanciation - indispensable - vis-à-vis de l'autre. Passer de l'amour à l'amitié demande du temps et une reconnaissance honnête de ce que l'autre vous a apporté. Vous n'avez pas pu vous intéresser à un minable, à un médiocre. Même si le temps a passé vite, cet homme ou cette femme a eu sur vous des effets positifs. Les souvenirs doivent rester vivants; ils vous aideront à vous reconstruire. Votre prochaine relation bénéficiera des leçons tirées de l'expérience. À vous comme à lui.

Plus j'y pense, plus le mot «rupture» me gêne. Et si on ne le prononçait plus? Si on pensait en termes de «distanciation» et «d'évolution des sentiments», ne serait-ce pas plus doux? Plus facile à vivre? Nous avons bien le droit de nommer autrement ce que nous vivons et ressentons, de changer de ton pour en parler plus justement.

QUATRIÈME PARTIE

Le long terme : vers le couple

Chapitre 8
Être prêt pour l'engagement

Les relations à court terme sont nécessaires à certaines périodes de la vie. Néanmoins, nombreux sont les célibataires qui aspirent à une vie en duo. Dans les chapitres de cette quatrième partie, d'une part, j'analyserai les prémices et les conditions favorables à l'élaboration d'un couple et, d'autre part, j'examinerai la manière dont le couple évolue ou se disloque.

C'est à travers la pratique des bilans de capacités relationnelles avec les solibataires qui me consultent que j'ai beaucoup appris quant aux ingrédients indispensables à la réussite d'une vie à deux.

Que tous ces hommes et ces femmes au cœur « en jachère », qui depuis ont peut-être trouvé leur épanouissement, en soient remerciés ici.

UNE QUESTION DE PERCEPTION

Dire : « Je vis seul » n'est pas évident. Si les veufs et les veuves n'ont aucune difficulté à évoquer leur statut, les autres ont du mal à en parler. Ceux dont le mariage est rompu hésitent entre les termes de « divorcé » et de « célibataire ». Il en est qui alternent les deux réponses selon les moments et les interlocuteurs. Le mythe du joyeux drille, qui continue à jeter sa gourme alors que ses copains sont mariés, a la vie dure ; tout autant que celui de la laissée-pour-compte qui n'a pas su fonder une famille.

Dans certains milieux, notamment le milieu professionnel, le célibat semble encore perçu comme un statut marginal et suspect.

Être en couple est considéré comme normal ; vivre seul semble indiquer pour certains qu'une fêlure s'est produite. Qu'il soit réel ou fantasmé, ce jugement se répercute de manière significative sur la perception que les solitaires ont d'eux-mêmes.

Exprimer à son entourage que l'on est à la recherche d'un ou d'une partenaire est encore plus difficile ; la démarche demeure le plus souvent feutrée, voire honteuse.

Il est difficile de dissocier la vision que l'on a de soi-même du reflet que nous renvoie le miroir social. Les deux sont imbriqués et, pour le solitaire, l'image qui en résulte n'est pas toujours satisfaisante. Tout cela ne l'aide pas à s'accepter en tant que tel.

Pour beaucoup de solistes, équilibre rime avec mariage. Je les entends parler de « refaire leur vie », comme si leur vie s'était défaite. Ils parlent de « trouver leur moitié », semblant indiquer par là qu'ils se sentent incomplets, voire infirmes.

Le fait de se retrouver à 15 ou plus en atelier ou en conférence leur redonne confiance ; j'observe l'apparition d'un sentiment de solidarité qui les réconforte. La participation à des groupes de paroles réservés aux célibataires est déterminante pour la reconquête d'une identité individuelle et collective.

Totalement isolés affectivement - pas de famille (éloignement géographique, divorce, veuvage), aucun ami privilégié et peu de relations (hormis les relations professionnelles) pour partager sorties, repas au restaurant ou voyages -, les isolés focalisent souvent sur le couple à créer et restent dans une impasse sur le plan amical et chaleureux.

D'autres ne fréquentent que des couples et des familles. Coupés des autres « célibataires », ils sont doublement isolés dans ce milieu qui se prétend norme sociale et où l'on ne marche que deux par deux.

Pour découvrir ce qu'est une vie agréable, le célibataire a besoin d'entretenir des relations avec autrui, de trouver quelqu'un pour l'écouter, pour partager des activités et des plaisirs communs. Les dialogues de gens mariés et de célibataires ne sont pas du même registre en ce qui concerne le vécu affectif et les perspectives relationnelles.

L'acceptation du statut de célibataire passe souvent par le regard sur l'autre solitaire, dans une convivialité retrouvée entre amis qui se comprennent et s'entraident. S'accepter seul et bien est un préalable qui favorise la rencontre de l'autre sans urgence ni enjeu dramatique.

LE « BON-VIVRE »

Être heureux tout seul est une sérieuse garantie pour être heureux avec quelqu'un, par la suite. On recherche davantage la compagnie des bons vivants que des tristes sires. Il est important ici de le rappeler.

Quel meilleur moyen, pour être aimé, que d'être aimable ? Comment intéresser l'autre si l'on ne s'intéresse à rien ? Ne vaut-il pas mieux échanger rires, souvenirs amusants, expériences d'activités créatives et récréatives plutôt que lamentations et amertume ? Qu'attend-on de l'autre ? Qu'a-t-on à lui apporter ?

Je conseille à tous les solitaires qui souhaitent se faire ou se refaire une vie de couple d'effectuer le petit test suivant :

- notez toutes les qualités que vous souhaiteriez trouver lors d'une première rencontre chez un partenaire éventuel ;
- lisez ensuite cette liste et demandez-vous honnêtement si vous possédez vous-même les atouts relationnels que vous venez d'inscrire.

S'il est facile de dresser pour autrui la liste de toutes les caractéristiques jugées indispensables au développement d'une relation (sourire, charme, faculté d'écoute, intérêts divers, etc.), on réalise qu'on n'a pas forcément l'équivalent à apporter en échange. Et si la demande est facile à exprimer, l'offre est muette…

Le charme et le sourire n'ont pas d'âge. Quand on a trouvé ses propres ressources, ses recettes de « bon-vivre », les dialogues sont vivants, porteurs de projets, et la relation s'engage facilement. Lorsque l'on mène une vie agréable, on exige moins des autres. En aucun cas, le partenaire ne doit être perçu comme un pourvoyeur d'animation quotidienne ou de remède à la solitude mal vécue.

Jouir de la vie est une disposition d'esprit à développer. Être bien avec soi-même est un bon préalable pour être mieux avec les autres.

J'aime cette phrase de Jacques Attali dont j'ai fait ma devise: «Ne jamais s'ennuyer et toujours apprendre.» Il y manque peut-être un brin d'épicurisme; c'est une qualité qui se fait rare et que je conseille aux célibataires autant qu'aux autres.

LE TEMPS QU'IL FAUT

Deux facteurs contribuent à provoquer un malaise chez les solitaires en mal de relation: la précipitation sociale et l'incapacité affective. Je m'explique.

Quand je parle de précipitation sociale, je fais allusion au fait que, souvent, les célibataires éprouvent le sentiment de disposer d'un délai limité pour trouver un partenaire de vie. Imaginaire ou réel, ce délai leur est signifié par le regard que la société pose sur leur statut et par les pressions, exprimées ou tacites, auxquelles ils sont soumis lorsqu'ils atteignent la trentaine ou encore lorsqu'ils se retrouvent seuls, sans conjoint, pour une raison ou pour une autre.

En ce qui concerne l'incapacité affective, elle est liée au fait que le solitaire entreprend parfois sa recherche de relation dans la précipitation. Cependant, il faut du temps pour se détacher d'un passé douloureux et cerner les erreurs ainsi que les maladresses à ne plus commettre. Faute d'avoir effectué ce travail, le cœur pressé utilisera l'autre comme une bouée de sauvetage affective et provisoire.

Les célibataires dont les valises sont lourdes à porter ont besoin de les poser pour faire le tri des misères du passé. Il est indispensable de souffler, de se refaire une santé. C'est en rencontrant d'autres solitaires qu'ils pourront s'affirmer, trouver un chemin d'espoir et de vie heureuse, seuls ou pas. Plus les besoins affectifs sont importants, plus on a tendance à bâcler ces étapes nécessaires.

Parmi les célibataires qui recherchent un partenaire, il y a malheureusement beaucoup plus d'amateurs que de bâtisseurs. De plus, ce n'est pas parce qu'on est mal séparément qu'on sera bien ensemble. Le temps est ici un allié. Après les erreurs et les maladresses viendront la cohérence, le discernement et l'aptitude à construire une relation solide.

Pour certains, une période d'errance amoureuse est nécessaire. Je ne dénigre nullement celui ou celle qui papillonne d'aventure en aventure. Je regrette seulement que ces histoires courtes et souvent délicieuses laissent à ceux qui en parlent un arrière-goût d'amertume. Le vagabondage n'est nullement dégradant pour qui sait le vivre comme une étape avant d'aborder la quête d'un partenaire à long terme. Il faut simplement être honnête dans cette démarche et se garder d'y entraîner ceux qui ignorent les règles du jeu.

Un vagabond amoureux est facile à reconnaître ; on est ensuite libre de répondre gaiement à ses sollicitations et de vivre une agréable récréation en sa compagnie ou de refuser une relation basée sur l'éphémère.

Il est parfois utile d'apprendre à se méfier de soi-même : je connais des célibataires en errance qui croient sincèrement être dans la durée et d'autres qui sont persuadés d'être prêts à convoler, alors que leur comportement exprime l'incapacité de s'engager.

LA DISPONIBILITÉ

Comment aller vers l'autre si l'on est entravé ? La première démarche à accomplir est de repérer les liens qui nous maintiennent enfermés dans la solitude. On ne peut se libérer de ses geôliers qu'après les avoir identifiés.

Le sentiment d'impuissance est fréquent chez les solitaires. Il émane de leur contradiction entre le désir de vaincre leur isolement et la peur de renoncer à leurs anciens repères. Ils veulent à la fois s'en sortir et rester à l'abri. Il faut échapper à ce dilemme, sous peine de passer sa vie pieds et poings liés devant une porte ouverte.

Mais quelles sont ces chaînes qui immobilisent nos désirs? Je vais en examiner quelques-unes, parmi les plus fréquentes.

L'hypothèque

Dans le domaine affectif, l'hypothèque est la prise en charge de sa propre vie par quelqu'un d'autre. La démarche vitale est de se réapproprier son existence, donc de lever cette hypothèque.

Certains hommes et certaines femmes montrent une totale incapacité à décider de leur vie. Ils restent les petits enfants irresponsables que leurs parents ont forgés. Ces individus ont trop souvent permis que d'autres exercent un pouvoir sur leurs choix; par la suite, la vie de couple sécurisante a pris le relais d'une enfance protégée.

Les événements de l'existence bouleversent parfois cette belle tranquillité. Veuvage, éloignement familial, mariage conflictuel ou séparation vont amener l'objet passif à se révéler sujet actif. S'il veut survivre moralement à de telles crises, c'est la seule route possible.

Il est encore des veuves et des divorcées totalement démunies lorsqu'il s'agit d'effectuer un choix personnel. Les effets positifs du féminisme ne les ont pas atteintes ou elles n'ont pas voulu les prendre en compte. On les voit parfois, à l'âge de 40 ou 50 ans, devenir doucement des «vieilles petites filles». Malgré leurs rides, elles sont restées mentalement à l'âge de jouer à la poupée et se révèlent très vulnérables hors de leur cage dorée.

Du côté des hommes, on trouve parfois à l'âge adulte les traces de la domination maternelle.

Lors d'un atelier, je me souviens d'une situation où se trouvaient réunis dans le même groupe une femme qui présentait toutes les caractéristiques de la mère totalitaire et un homme qui incarnait l'archétype du fils soumis. Au cours de la discussion, la participante traita plusieurs fois de suite l'homme (âgé de 35 ans) de « gamin ». Je le voyais s'agiter sur son siège et serrer les dents ; je me demandais combien de temps il allait supporter le terme sans réagir.

En se présentant, cette femme avait évoqué longuement ses rapports avec son fils ; celui-ci était amené à voyager pour sa profession et, bien qu'il fût largement adulte, elle se flattait d'être une bonne mère en le rejoignant lors de ses escales. Elle précisait que ce rôle absorbant l'empêchait de refaire sa vie.

Le scénario était établi… Au bout de quelques heures, le fils soumis explosa littéralement pour rejeter le terme de « gamin ». Il put dire à cette inconnue ce qu'il n'avait jamais osé exprimer à sa propre mère. Il signifiait enfin qu'il était adulte et se posait en tant que tel face au groupe, qui l'encourageait et l'acceptait. Cet homme avait enfin nommé le lien qui l'empêchait d'aller vers l'autre en confiance, se donnant par là même les moyens de lever l'hypothèque.

Il existe d'autres hypothèques, et notamment celle du machisme. À noter que, face aux femmes, certains hommes ne font que reproduire une attitude que des siècles de culture et d'éducation (dispensée par les mères) leur ont appris à considérer comme virile. Ce type de personnage se fera vite régler son compte dans les groupes mais, dans certains cas, il en tirera profit et adoptera un comportement plus authentique vis-à-vis de l'autre sexe. D'autres hypothèques sont beaucoup plus floues, différents facteurs se combinant pour constituer le handicap.

Lorsque l'on a pour la première fois osé situer le geôlier, il reste à défaire les liens dans la réalité. Les images qu'utilisent mes stagiaires pour exprimer ce qu'ils ressentent à ce moment de leur évolution sont significatives :

« Je me tiens immobile devant une porte entrouverte. »

« Je suis sur un palier, incapable d'aller plus haut. »

« Je regarde dehors par le trou de la serrure pour voir ce qui se passe avant d'oser sortir. »

« Je suis sortie de la maison. Il reste la porte du jardin à ouvrir… »

Chacun, à son rythme, ira vers un autre horizon quand il aura assez de force pour le faire. La solidarité a encore là un grand rôle à jouer.

Les *a priori*

L'*a priori* n'a pas de présence physique, il est difficile à cerner – et d'autant plus dangereux. C'est le on-dit, la rumeur, l'œil de la concierge ou du chef de service.

Il faut absolument rayer de son vocabulaire des phrases comme : « De quoi ai-je l'air ? », « Sortir seule pour dîner, ça ne se fait pas », « C'est aux hommes de prendre les initiatives », « Je suis incasable puisqu'on me le dit », etc.

Un bon exercice : recensez toutes ces phrases qui vous viennent à l'esprit journellement et prenez la décision de les effacer de votre discours et de vos pensées.

Aussi pernicieuses sont les généralités. Parmi les plus courantes : « Aucun homme n'est fiable, ce sont tous des menteurs », « Les femmes sont trop déterminées, trop exigeantes », « Les hommes sont tous des irresponsables ». À noter que les femmes colportent beaucoup plus de généralités sur l'autre sexe que les hommes.

De telles phrases répétées quotidiennement deviennent des certitudes et coupent définitivement la route à l'autre. C'est ainsi que le fossé entre hommes et femmes se creuse.

Généraliser des constatations que l'on a pu établir dans certaines situations passées signifie que l'on refuse de regarder le nouveau venu comme différent. On ne lui donne donc aucune chance d'entrer en relation : on a décidé d'avance qu'il ou elle était « comme les autres » et donc impraticable.

A priori et généralités sont des prétextes pour continuer à se réfugier dans sa solitude, sans ébaucher le moindre geste vers quiconque. Ces barrières tiennent fermées à double tour les portes de la communication. Comme les démons du passé, il faut les évacuer, sous peine d'écarter toute chance d'établir la moindre relation avec autrui.

Le passé à liquider

Il est des relations nocives que certains entretiennent à plaisir. S'ils évaluaient lucidement l'actif et le passif de la situation, ils devraient certainement déposer le bilan.

Rien n'est plus puissant que la force de l'habitude. On entend parfois dire: « On sait ce que l'on quitte, on ne sait pas ce que l'on va trouver. » Autrement dit: mieux vaut une situation de détresse assurée qu'un avenir meilleur, mais inconnu…

On se cramponne, même si l'on sait que la branche est pourrie. C'est la force du désespoir. Chez les solitaires, ces relations nocives, mal vécues, peuvent prendre les formes suivantes:

- une relation amoureuse avec une personne mariée;
- des contacts persistants, bien que négatifs, avec l'ex-conjoint;
- des obligations familiales démoralisantes;
- une relation de dépendance et non d'amour, dont on n'arrive pas à se défaire.

Sortir de l'impasse

Si vous êtes dans l'une des situations évoquées ci-dessus, qui apportent plus de détresse que de bonheur, je vous conseille de procéder de la manière suivante:

- faites d'abord le compte des temps heureux. Même s'ils appartiennent au passé, il est bon de se remémorer les moments de joie, de plaisir partagé et de complicité. Cela vous aidera pour la construction de votre avenir amoureux;
- établissez le plan de vos aspirations actuelles. Déterminez les éléments qui vous semblent indispensables pour réussir une relation.

En confrontant les deux listes, vous vous apercevrez sans doute que vous avez changé et que ce qui pouvait vous combler jadis passe au second plan aujourd'hui.

Ce simple exercice permet de faire le point sur le temps qui passe et l'évolution qui se produit en chacun de nous. Inutile d'incriminer votre partenaire; vous avez changé, lui aussi. Il faut vous rendre à l'évidence qu'il n'est plus à même de combler vos besoins (pas plus que vous les siens, sans doute). Vos routes divergent, les rôles sont à redistribuer.

On vérifiera ainsi que l'individu que l'on croit aimer l'est au passé et non au présent; la réciproque devient évidente. On conservera sans doute une certaine nostalgie de ce qui était. Pourquoi pas? Les souvenirs des moments de bonheur sont présages de nouvelles heures de joie à venir. Lorsque l'on a en soi la capacité d'être heureux à deux, elle ne demande qu'à renaître.

Il est toujours plus facile de mettre fin à une situation quand on a mis un peu d'ordre dans le marasme de la dépendance affective. On découvre alors que l'on est prisonnier d'une relation sécurisante car connue; cela ne suffit pas au bien-être à deux.

Ne confondons pas les temps de conjugaison.

L'après-divorce

Que l'on soit passé ou non devant monsieur le Maire ne change rien à l'affaire; en revanche, le nombre d'années vécues ensemble est directement proportionnel au temps nécessaire à la distanciation.

La libéralisation du divorce date de 1975 en France. Elle a considérablement simplifié la procédure. Certains couples qui vivaient déjà séparément ont pu régulariser une situation de fait. La loi leur a permis de divorcer sans jeu de massacre.

Depuis, de nombreux conjoints ont pu gérer leur séparation dans le consentement mutuel. La nouvelle loi considère enfin que les époux sont des adultes capables de se quitter sans se déchirer (ce qui n'est pas toujours le cas).

Enfin, en cas du maintien par l'un des époux de son refus de divorcer, la loi a établi que l'autre pouvait reprendre sa liberté au bout de six années. Ce qui est long, mais constitue une avancée considérable par rapport à la situation précédente.

Cet assouplissement de la loi a libéré ceux qui n'osaient franchir le pas, de crainte de s'exposer aux jugements sociaux et familiaux. Ils ont pu mettre un terme à la médiocrité de leur vie commune sans se marginaliser. C'est en toute légalité qu'ils ont pu refuser de vivre le pire, après avoir connu le meilleur.

Mais la levée légale de l'interdit n'a rien résolu quant à certaines séparations dramatiques et conflictuelles. Les individus hyperdépendants n'y trouvent pas mieux leur compte. Les cœurs aspirateurs continuent à s'accrocher. Ce sont les irréductibles de la vie à deux, sans autre alternative que le néant. Bien longtemps après la séparation, ils et elles continuent à faire une fixation sur les fugitifs. Ils sont incapables de bien vivre seuls ni, bien sûr, de retrouver un partenaire.

Ils rendent leurs ex-époux responsables de tous leurs maux, alors que seule leur structure psychologique est en cause. C'est d'ailleurs souvent ce comportement qui a provoqué le départ de l'autre.

Le premier « travail » de ces délaissés est de faire le deuil de leur union. Il y a un temps pour souffrir, sur lequel on ne peut faire l'impasse ; il est néfaste de s'y complaire et de poursuivre indéfiniment l'autre de sa rancune. Cette attitude, dont les enfants sont souvent les spectateurs, est stérile pour tous.

On n'oblige personne à aimer, à rester, si l'amour est ailleurs. Il y a un temps pour cheminer ensemble ; il arrive que l'on soit amené à prendre des sentiers différents, à suivre chacun sa voie.

L'amour, s'il existe, suppose que l'on sache accepter l'évolution de l'autre. Pour moi, le bonheur à deux passe par là : certains hommes et femmes savent s'aimer de près, puis de loin, autrement.

J'aimerais qu'un jour, le mot « rupture » soit rayé du vocabulaire des couples et des amoureux. J'aimerais que l'on sache se regarder de loin avec amour, avec humour. Est-ce trop demander à la vie ? Aux hommes ? Aux femmes ? Aux divorcés qui savent la souffrance des séparations difficiles de méditer sur ce vœu. Au lieu de refuser l'avenir heureux, au lieu de se blinder pour nier le meilleur de la vie, pourquoi n'apprendrait-on pas à éviter le pire? Le couple amoureux est fragile; peut-être faudrait-il trouver un nouveau mode de relation et se donner tous les moyens pour le maintenir? C'est possible, si le désir de construire en commun est réel, ainsi que la volonté partagée d'aller plus loin ensemble. Si cette route s'avère impossible, la dissociation devrait être perçue comme une étape nécessaire et enrichissante, comme un signe d'évolution, et non comme une amputation. Le couple fusionnel rend la séparation dramatique. La fusion est une sale maladie. Elle empoisonne les amoureux de mort lente. Être dépendant, c'est attacher et aliéner l'autre: on se demande quelle place reste à l'amour. Il ne s'agit pas d'oublier un passé qui a mené l'individu là où il en est dans sa vie. Il s'agit de retrouver la disponibilité d'aller vers l'autre, en confiance et les mains libres.

D'une amarre à l'autre

Il existe des femmes, et surtout des hommes, qui ne «larguent» une amarre que lorsqu'ils sont certains d'en avoir agrippé une autre. Ces gens-là ont peur du vide. Prendre une maîtresse ou un amant lorsque l'on sent que l'époux ou l'épouse se détache est chose courante.

Certains hommes, vivant avec leur femme une relation qui perd de son ardeur, ont une «liaison» et parfois, de surcroît, une relation de «dépannage» (il arrive que leur femme en fasse autant). L'époux se rend compte que sa femme est sur le point de demander le divorce. Sa maîtresse ne lui cache pas son désir de vivre avec lui.

Balancer entre deux amarres est une position inconfortable. Il attend; il dit: «Si ma femme me quitte, je n'hésite pas, je vais chez X», puis, quelques instants plus tard: «Si X exige que je vive avec elle, je n'hésite pas, je quitte ma femme.»

Ces faux célibataires ont surtout peur de se retrouver seuls (il arrive d'ailleurs que les deux femmes lâchent prise en même temps, comme si elles s'étaient donné le mot). Je ne peux que conseiller à ces «maris volages» d'apprendre à nager seuls. Cela leur éviterait de barboter indéfiniment au risque de «boire la tasse» ou de couler.

En fait, ces personnes-là ne sont jamais vraiment disponibles. Être libres leur fait peur. Il y aura toujours de la place dans leur vie, mais des places toutes petites et multiples. L'ambivalence est leur règle de vie.

Le droit de changer

Certains célibataires sont lucides lorsqu'ils établissent leur bilan sentimental: ils ont conscience que le comportement qu'ils adoptent depuis des années vis-à-vis de leurs partenaires ne les satisfait plus. Mais s'ils sentent qu'ils doivent modifier leurs mécanismes relationnels, ils ne savent pas lesquels changer ni comment.

Ainsi, cette femme de 45 ans qui avait été une grande séductrice. Depuis sa jeunesse, elle jetait son dévolu sur les hommes qui lui plaisaient, et nul ne lui résistait. Ses relations étaient courtes: une nuit, huit jours, au mieux deux mois. Elle avait dans un coin de sa tête le rêve d'une relation durable mais, jusqu'à ce jour, réaliser ce projet n'était pas prioritaire.

C'est avec beaucoup d'émotion qu'elle décrivait sa situation, déclarait ne plus avoir envie de s'amuser, de flâner. Malgré tout, ne connaissant que l'attitude consistant à séduire, elle se sentait incapable de se comporter autrement; elle réalisait que les hommes souhaitant une relation durable ne la sollicitaient pas.

Partagée entre la peur de «perdre» la compagnie des hommes si elle interrompait ses efforts pour capter leur attention et celle de ne jamais trouver de compagnon à long terme, elle se sentait prisonnière d'un comportement répétitif.

Elle avouait ne plus aimer son personnage et parfois se mépriser. Chaque nouvelle conquête se révélait décevante. Elle éprouvait du ressentiment envers ses compagnons du moment parce qu'ils étaient les témoins d'un comportement dont elle ne voulait plus mais qu'elle ne pouvait s'empêcher de reproduire.

En renonçant à ses artifices et à sa sophistication (physique et mentale), elle pensait perdre son pouvoir. En fait, il lui fallait transformer la séductrice en la femme simplement séduisante qu'elle était. Il est vrai aussi qu'habituée aux séducteurs « sachant parler aux femmes », elle trouvait les hommes dits sérieux un peu fades dans leur présentation et leur discours.

La question sous-jacente était : « Est-ce que je plais encore ? » Ses 45 ans ajoutaient à son inquiétude.

En dressant le constat de son comportement répétitif, cette femme avait déjà fait un grand pas vers le changement. Étant intelligente, elle pressentait une façon plus « mûre » de séduire, plus dans l'être que dans le paraître. Il lui restait à s'accepter différente pour ainsi rencontrer des hommes différents.

Changer de rôle est difficile. Les personnes qui décident d'aborder leur vie amoureuse de manière différente traversent souvent, comme cette femme, une étape quasi désertique pénible, tant qu'elles n'ont pas trouvé leurs nouvelles marques.

L'homme, la femme de sa vie

Les statistiques le prouvent : en cette fin de siècle, on a, dans la majorité des cas, plusieurs hommes et femmes dans sa vie. Les unions dites libres (sans contrat) durent en moyenne sept ans.

Pourtant, l'expression trouver « l'homme de sa vie » ou « la femme de sa vie » persiste, enfermant le « quêteur » d'amour dans l'illusion. Combien de déceptions viennent de cette prétention ! Beaucoup de solitaires se bercent en rêve de romantisme et d'absolu. Voilà qui prédispose à bien des déboires amoureux.

Bien des relations avortent parce que le coup de foudre que l'on attendait ne se produit pas. On voudrait pouvoir dire : « Dès que je l'ai rencontré(e), j'ai su que c'était lui (ou elle). » Porteurs d'une image d'homme ou de femme idéale largement entretenue par la publicité et la presse du cœur, les solitaires se heurtent violemment à la réalité. Les rencontres, trop éloignées du miracle qu'ils attendent, suscitent chez eux déceptions et découragement.

Or, si l'on ne tombe pas amoureux, rien ne sert d'en vouloir aux autres ni à soi-même.

Si l'on élargissait la palette des émotions possibles à partager ? Si l'on regardait l'homme et la femme tels qu'ils sont, sans l'obligation de ressentir des sentiments grandioses ? Si on leur laissait la chance de devenir des amis agréables à fréquenter, en se constituant ainsi peu à peu un réseau de relations chaleureuses ?

On observe ce comportement négatif lors de rencontres organisées au moyen des petites annonces ou par l'intermédiaire d'une agence de rencontre. Si le miracle ne se produit pas, le journal ou l'agence n'y sont assurément pour rien.

Je constate tous les jours à quel point la vie des solitaires est vide de relations basées sur la simple affection, sur des repères amicaux ou familiaux. Un manque d'amis qui rend obsessionnelle la recherche de l'être idéal. Sans environnement convivial, la demande affective risque d'être étouffante et orientée sur un seul individu.

La mention « plus, si affinités » me semble très significative de ce comportement. Comme si l'amour était une valeur supérieure à l'amitié, ou une carotte que l'on tendait pour appâter les plus démunis.

Faire le deuil de cette attitude romanesque, qui, si elle est amusante à 15 ans, devient facteur de désespérance après 35 ans, va dédramatiser la rencontre. Celle-ci sera plus simple, plus spontanée, et source de relations positives, amicales ou amoureuses. Cupidon y sera peut-être plus présent…

Autre barrage au duo réussi

Pour bâtir une relation privilégiée, il faut être réconcilié avec son passé.

L'autre ne pourra être accueilli que lorsqu'il aura véritablement une place, lorsque l'on ira vers lui les mains libres.

Je dresse ci-dessous une liste de facteurs qui font obstacle au choix d'un partenaire et que j'ai le plus souvent rencontrés chez les solitaires en quête d'amour :

- le manque de confiance en soi ;
- une fausse perception de l'autre qui se traduit par une surévaluation ou une sous-évaluation (« Il est minable » ou « Il est trop bien pour moi ») ;
- la peur de l'inconnu ;
- la crainte de paraître ridicule ;
- le souci exagéré de plaire ;
- le refus d'affirmer son identité d'être unique, différent des autres ;
- la négation du droit au plaisir ;
- l'incapacité de dire non (ou oui) ;
- la volonté de possession et de pouvoir ;
- la déprime chronique ;
- la précipitation ;
- le poids des *a priori* ;
- le fait de cacher sa véritable identité à l'autre (le masque) ;
- la priorité donnée au paraître sur l'être ;
- la dramatisation des situations ;
- une vision trop absolue de l'amour, de l'autre.

Ce n'est que lorsque l'on a reconnu et nommé ces comportements que l'on peut s'en distancier. À cet égard, le travail en groupe est souvent d'une grande efficacité ; hommes et femmes ont beaucoup à apprendre les uns des autres. Les bilans de capacités relationnelles que je pratique permettent ce repérage.

Chapitre 9
Relativiser l'enjeu

Dans ce chapitre, il est question de ce que l'on met en « enjeu » à chaque investigation, c'est-à-dire un certain investissement que l'on entend bien récupérer... au centuple. Or, quiconque joue le jeu prend un risque, celui de perdre sa mise.

BRIDGE OU POKER ?

Ici, la recherche est aveugle, le gain n'est pas défini d'avance. La mise est dans l'initiative que l'on prend de la rencontre. Le résultat n'est jamais garanti. Comme aux cartes, il faut savoir jouer et connaître ses atouts.

Les solitaires ont souvent tendance à surestimer l'enjeu de la rencontre. De ce fait, la démarche pour engager une recherche de partenaire est source d'angoisse. La rédaction de la petite annonce ou de la première lettre ; le choix d'une photo et la conversation téléphonique les plongent dans le désarroi. (Que dire ? Comment me présenter ? Que va-t-il penser de moi ?)

En fait, l'appréhension est aussi démesurée que l'enjeu et certains s'expriment comme si leur existence était menacée. Dans leur esprit, un rendez-vous peut transformer leur vie ou la ruiner définitivement !

C'est chez les célibataires isolés que l'on observe ce genre de délire. Celui qui a de nombreux amis et des centres d'intérêt divers n'accordera pas une importance disproportionnée à un rendez-vous.

Il est souhaitable de relativiser l'enjeu de la rencontre et de savoir qu'elle n'aura pas obligatoirement de suites ou que, en tout cas, elle ne débouchera que très rarement sur un coup de foudre ou un miracle !

LES TERRAINS D'EXPÉRIMENTATION

À mon avis, le fait de rédiger des petites annonces est une bonne façon de se familiariser avec la rencontre de personnes inconnues. Moins onéreuses que les agences de rencontre, elles font du « rédacteur » un être actif. Elles lui permettent de tester son comportement avec des inconnus. De plus, élaborer le texte constitue un excellent exercice qui permet :

- de savoir qui l'on est ;
- de définir quels sont ses atouts personnels ;
- de préciser les critères de sélection prioritaires ;
- d'établir clairement le sens et la forme de la relation souhaitée.

Il faut également souligner que, pour les isolés, la rencontre provoquée est presque le seul moyen d'établir un contact singulier avec une personne de sexe opposé. L'environnement connu est souvent devenu stérile. Il est fait de relations familiales ou d'amis d'enfance, souvent mariés.

La recherche amoureuse devient difficile et source d'inquiétudes. Notre éducation ne nous apprend pas vraiment à affronter l'inconnu. De plus, la réputation douteuse que l'on a faite aux petites annonces n'ajoute rien de facile à la démarche.

Je le répète : il vaut mieux rédiger une annonce qu'y répondre. En procédant au tri du courrier suscité, on pourra réfléchir utilement aux motivations des candidats et l'on aura l'occasion d'écarter ainsi ceux qui poursuivent une recherche différente.

Ceux qui utilisent ce moyen de rencontre sont souvent partagés entre la nécessité d'aller vers des inconnus dont ils espèrent beaucoup et la crainte de se découvrir. Pour dédramatiser cette ambivalence, je suggère de vivre cette démarche comme un jeu, un test. L'important est d'observer et d'améliorer ses capacités relationnelles. Un premier but est atteint si l'on peut proposer le premier rendez-vous dans ces termes: «J'aimerais bien vous rencontrer, car vous me semblez sympathique. Comme l'entretien téléphonique est agréable, nous ne nous ennuierons sûrement pas en prenant un verre ensemble... »

Si, en allant au rendez-vous, on envisage de se faire un ami ou une amie à partir des points communs que l'on aura déjà repérés, si l'on envisage déjà de l'inviter à des soirées amicales entre copains, à des balades, à des sorties au cinéma, etc., l'enjeu sera beaucoup moins anxiogène.

Car, si Cupidon n'est pas au rendez-vous, on aura envisagé tout ce qui pourrait être positif et source de convivialité. Présenter ainsi les choses au partenaire inconnu relativise pour lui aussi l'enjeu de la rencontre.

PLUS DURE SERA LA CHUTE

Ceux qui, d'une rencontre organisée par l'entremise d'Internet ou d'une annonce, attendent le coup de foudre, avec arrêt yeux dans les yeux et départ immédiat pour Venise, seront déçus à coup sûr. Soyons plus simples et plus imaginatifs. Essayons de ne pas réduire la relation à un seul chemin étroit.

Exiger trop de l'autre revient à le rejeter et risque de provoquer, pour soi-même, de grandes déceptions. Celles-ci vont se renouveler et aboutiront à décourager le postulant au grand amour. En refusant d'envisager la poursuite d'une relation autre que pour «la bonne cause», on ne prend en compte chez l'individu rencontré que deux aspects. On le réduit à:

- son apparence physique;
- sa capacité ou son incapacité à rendre l'autre amoureux.

Or, on sait que les plus beaux et les plus intelligents n'ont pas l'exclusivité de la réussite amoureuse. De plus, le déclic que peuvent susciter un regard, un geste ou une silhouette doit être réciproque. C'est extrêmement rare. Pourquoi, alors que l'on est dans une situation d'isolement total, refuser les contacts basés sur la simple sympathie ?

Pourquoi miser uniquement sur l'impact amoureux, avec le risque de tout perdre ? Si l'étincelle doit se produire, rien ne l'empêchera de surgir. De telles expériences, mal gérées et mal vécues, ne font qu'accentuer le découragement de beaucoup d'hommes et de femmes, en les renvoyant à leur quête de l'impossible.

Dédramatiser l'enjeu permet d'aller avec confiance vers des relations possibles. C'est une démarche qui ne barre nullement la route à l'éclosion d'un sentiment plus profond. Elle apporte en outre au célibataire des possibilités nouvelles :

- il passera des moments agréables ;
- il se construira un environnement affectif ;
- il augmentera ses connaissances à travers les intérêts de l'autre.

LES BONNES QUESTIONS

Avant de partir pour un rendez-vous, je suggère à tout solitaire de se poser les questions suivantes :

> « Qu'est-ce que je risque si la personne ne me plaît pas ou si je ne lui plais pas ? »
> « La réussite de cette rencontre est-elle vitale pour moi ? Pourquoi ? »
> « En cas d'échec, en quoi serai-je responsable ? »
> « Quels moyens ai-je mis en œuvre pour que ce rendez-vous se déroule agréablement ? »

Pour achever de décontracter les anxieux, ajoutons que l'on compte 10 millions de célibataires en France. Alors, un de perdu…

Chapitre 10
La quête amoureuse

On est libre de bâcler sa vie ou de cultiver son jardin avec soin. Si l'on choisit la seconde solution, il est bon de préparer le terrain et de le rendre fertile à l'amour.

Les demandes les plus courantes des célibataires en quête amoureuse sont formulées de la façon suivante :

«Je ne rencontre personne… comment faire ?»

«Je ne rencontre pas de personnes intéressantes. Où sont-elles ?»

«Je fais des rencontres, mais aucune relation ne s'établit. Que se passe-t-il ?»

On sent le découragement. Souvent, ils ont essayé sans succès les petites annonces ou les agences de rencontre. Nous avons vu que les annonces, si elles permettent parfois d'établir des relations amicales intéressantes, déçoivent les espoirs de ceux qui entreprennent la démarche dans l'urgence. Quant aux agences de rencontre, encore souvent qualifiées de «matrimoniales», leurs publicités annoncent des miracles et leurs fichiers sont, pour les isolés, de véritables vitrines de Noël. Ils s'y précipitent sur un coup de cafard sans se renseigner au préalable (où le pourraient-ils, d'ailleurs ?) ; le mot «matrimonial» leur paraît une garantie de relation durable. Ils déchantent souvent. Pour être juste, soulignons que les couples qui se sont formés par l'intermédiaire d'un de ces organismes s'en vantent rarement. Je conseille aux célibataires qui restent tentés par ces «magasins conjugaux» de comparer les services de plusieurs d'entre eux, de se renseigner sur la composition des fichiers et de connaître la (maigre) législation qui en précise les obligations. Ici, comme dans tout commerce, le consommateur doit savoir défendre ses droits.

DES PRÉALABLES INCONTOURNABLES

Je suis persuadée qu'un changement de comportement, appuyé sur des expériences passées dont on a su tirer les leçons, permet de faire de meilleurs choix. Si nous ne pouvons maîtriser les événements, nous pouvons du moins en tirer la quintessence. Nous avons la capacité de gérer de façon constructive les retombées de toute situation affective.

Il y a des gens dont on fuit la compagnie et d'autres qui ne sont jamais seuls. Pourquoi ? Parce que les gens du deuxième type sont accueillants et disponibles. À chacun de trouver en soi la bienveillance, la générosité et la capacité de sourire à la vie qui attirent les autres.

La terre d'accueil d'une histoire d'amour est une terre défrichée et ensemencée. Tant que cet espace ressemblera à un terrain vague, inutile d'aller chercher l'autre.

On ne peut mener à bien une recherche de relation qu'en adoptant une attitude responsable et en étant décidé à mettre tous les atouts de son côté.

L'objectif premier de mes consultations est de vérifier la présence de cette autodétermination chez le célibataire ou de la susciter. C'est ensuite qu'il pourra aller vers l'autre les mains libres, en développant ses capacités relationnelles.

UN COUPLE RÉUSSI : UTOPIE OU RÉALITÉ ?

Il est faux de dire que la société actuelle engendre, plus que d'autres, la solitude. La société est constituée des célibataires et… des autres ; tous ont accès de la même manière à la communication. Il est trop facile de s'appuyer sur ce « fait de civilisation » pour incriminer la fatalité et éviter ainsi de réviser son propre comportement relationnel.

La solitude n'est ni une maladie ni une tare, et qui dit « solitude » ne dit pas forcément « isolement ». C'est pour certains une source d'enrichissement personnel indispensable aux artistes, aux créateurs, aux contemplatifs et aux autres.

La vie à deux n'est pas la panacée pour vivre heureux (voir le nombre de divorces à la hausse). Beaucoup de gens mariés se sont trompés de route : ils ont fondé leur union sur l'émotion, le désir sensuel, sans se demander s'ils avaient la capacité de construire pour longtemps et, péniblement, ils sont redevenus célibataires.

Actuellement, nombre de divorcés sont réticents à « récidiver » vers le mariage. Leur propre expérience et le regard qu'ils portent sur les couples autour d'eux les laissent dubitatifs quant aux avantages de la vie à deux. Ils sont à la fois extrêmement méfiants et désireux de reconstruire une relation réussie.

Cette méfiance peut aller jusqu'à la grande peur d'aimer. Ce comportement est souvent inspiré des maladresses de ceux qui se sont lancés à l'aveuglette dans la vie de couple. Il est nécessaire pour eux de se reprendre, de comprendre les erreurs passées pour ne plus les commettre. Assumer sa solitude, apprendre la relation : voilà des matières qui ne font partie, hélas ! d'aucun manuel scolaire ; seul le spectacle de parents qui s'aiment en se respectant peut aider en cela les futurs adultes. Ceux qui, dans le couple, ne trichent pas donnent confiance à la génération suivante.

Quant à l'image du solitaire laissé-pour-compte, impossible à vivre ou plus névrosé que les autres, on peut se demander si elle n'est pas entretenue pour justifier coûte que coûte la pérennité du couple. À noter que beaucoup de mariages ne doivent leur survie qu'aux aventures extraconjugales ; les femmes célibataires sollicitées par les hommes mariés ont beaucoup à dire sur la médiocrité des unions qui perdurent grâce à des récréations hebdomadaires inconfortables pour tous. J'ai aussi entendu beaucoup d'hommes et de femmes mariés qui me confiaient leur solitude affective, une solitude qui n'est certes pas l'exclusivité du célibataire.

Il n'existe pas de bonheur clé en main; il y a de bonnes heures pour savoir construire, en solo, puis en duo, sans brûler les étapes.

CE QUE L'ON A À DONNER ET CE QUE L'ON DÉSIRE RECEVOIR

Lorsque je leur demande ce qu'ils attendent d'un partenaire de vie, les célibataires sont généralement intarissables. En revanche, lorsqu'il s'agit de citer les atouts relationnels qu'ils pensent posséder afin de procurer à l'autre une compagnie agréable, ils sont beaucoup moins loquaces.

On est seul… on voudrait être deux. Ce désir, qui est celui de quelques millions de solitaires (70 % de l'ensemble), ne dit rien, cependant, sur leur capacité de vivre à deux. Certaines de leurs motivations laissent rêveur: «J'ai du mal à rentrer dans un appartement vide, sans lumière et sans bruit…», «Je n'ai pas envie de rentrer seul(e) le soir.», «Je ne sais pas faire face aux problèmes matériels.» (Côté femmes: la déclaration d'impôt, le contrôle des finances, les démarches administratives, l'achat et l'entretien d'une voiture, le bricolage, etc.; côté hommes: l'entretien du linge, le ménage, l'achat d'appareils ménagers, de rideaux, de meubles, de vêtements, etc.)

«J'en ai assez de partir seule en vacances.» «Il faut que je partage ce que je fais, sinon je n'ai envie de rien.» «Je ne supporte plus de décider seule, de faire des projets seule, d'élever mes enfants seule.» Si l'on analyse le contenu de ces demandes, on s'aperçoit qu'elles expriment divers besoins, mais pas d'amour à donner.

Or, une relation amoureuse réussie ne peut se mettre en place que dans la reconnaissance de l'autre tel qu'il est; on ne peut exiger de quiconque qu'il corresponde à un profil préétabli, élaboré en fonction de l'inconfort que l'on éprouve à vivre seul. Je conseille vivement aux célibataires de résoudre leurs problèmes matériels avant de s'engager dans la recherche d'un compagnon (ou d'une compagne).

« Je suis seul(e)… Je voudrais être deux » : ce que cette phrase exprime de détresse ne doit pas faire oublier aux célibataires qu'il est des objectifs à définir clairement et des préludes à ne jamais bâcler. L'urgence à combler une solitude n'est pas un présage d'avenir heureux.

Le capital relationnel

Nous disposons tous d'un certain capital relationnel, c'est-à-dire un ensemble de capacités de communication. Homme ou femme, chacun devrait, sa vie durant, s'appliquer à développer cette faculté sans laquelle nulle relation n'est possible.

Le partenaire idéal

Lors d'un atelier, j'ai demandé à un groupe de femmes quelles étaient les qualités qu'elles attendaient d'un homme. Elles ont cité dans l'ordre :

1. Ouverture d'esprit, tolérance, générosité, sociabilité, écoute.
2. Humour, gaieté, énergie, épicurisme.
3. Sensibilité, tendresse, affection.
4. Charme.
5. Franchise, fiabilité.
6. Moralité (bonne dernière !).

À noter que parmi ces réponses (qui n'engagent que le groupe de femmes concernées) n'apparaissent ni l'intelligence ni la culture.

On demande souvent au partenaire futur de posséder des qualités que l'on n'a pas soi-même. Ce qui me fait dire que le terme de « partage », si volontiers utilisé par les solitaires quand ils évoquent la perspective d'une vie à deux, est suspect. Beaucoup d'entre eux, en effet, sont prêts à se tailler une part dans l'existence de l'autre sans avoir de monnaie d'échange.

Demander à une personne d'apporter les éléments essentiels d'une relation réussie signifie qu'on lui donne la responsabilité d'une « bonne » communication. Malheur à elle si elle s'avère incapable de répondre à la demande : c'est elle qui sera incriminée lors des futurs conflits et peut-être du divorce.

C'est pourquoi l'évaluation de ses propres atouts est primordiale. Je constate que beaucoup de solitaires, occupés à définir les qualités qu'ils attendent de l'autre, ignorent tout de leurs capacités personnelles et jugent inutile de les développer. Il me semble indispensable pour eux de procéder à une autoréhabilitation pour établir des relations basées sur l'échange.

Adopter une attitude positive

Les hommes et les femmes en mal de relation ont souvent tendance à se dénigrer. Enfance et mariage n'ont nullement encouragé l'affirmation de leur propre valeur. Dévalorisés par leur entourage, ils ont du mal à retrouver une image positive d'eux-mêmes. Ils ne peuvent se croire capables d'intéresser, de plaire.

Pour faire émerger les atouts enfouis, je conseille de rechercher dans le passé les souvenirs positifs. Ainsi, le grand-père, le professeur, l'ami ou la tante qui ont dit, au moins une fois, une phrase encourageante à l'enfant que l'on a été. En faisant remonter à la surface ces échos positifs, on en découvre d'autres. Ce travail est particulièrement efficace.

Et que l'on ne vienne pas opposer la « modestie » à cette démarche. Ce n'est pas une valeur positive. Je préfère aux modestes les êtres lucides, connaissant leurs avantages et leurs lacunes. Mieux vaut savoir regarder en face ses faiblesses, pour y remédier, et ses atouts, pour les développer.

Je me souviens d'une stagiaire évoquant devant le groupe un premier dîner rencontre qui, selon elle, s'était mal passé. L'homme lui plaisait et elle pensait le lui avoir suffisamment fait sentir au cours de la soirée pour qu'il prenne l'initiative de lui proposer un autre rendez-vous. Ce ne fut pas le cas.

Avec l'un des participants masculins, elle « rejoua » devant le groupe la scène du restaurant. L'échange allait bon train mais, au bout d'un moment, l'homme déclara forfait : il lui semblait que chaque tentative de sa part pour donner à la conversation un tour plus intime était repoussée par son interlocutrice.

Les autres membres du groupe étaient d'accord. D'une manière indéfinissable, la femme opposait à toutes les avances de son partenaire de jeu une fin de non-recevoir. Or, elle était convaincue de lui avoir exprimé tous les signes d'ouverture signifiant qu'elle était séduite et espérait le revoir.

* * *

Tous les célibataires ont ainsi dans leur vie le souvenir d'une histoire qui «aurait pu marcher» si elle avait pris un tour différent. L'important est de déterminer clairement quelles sont les attitudes qui ont fait échouer la relation, de manière à ne pas les reproduire dans l'avenir.

Les solitaires peuvent apprendre ainsi à aborder l'autre sans crainte de se montrer ridicules ou de se voir rejeter. À cet égard, beaucoup d'entre eux devraient réfléchir aux «petites phrases» de prise de contact. Chacun, homme ou femme, aime en effet être abordé avec finesse et humour.

L'espoir renaît lorsqu'ils ou elles ont retrouvé confiance en leur pouvoir de séduction, lorsqu'ils sont capables de prendre l'initiative d'une rencontre, de dire oui ou non selon ce qu'ils ressentent. Ce pouvoir ne s'exerce pas sur les autres mais sur sa propre vie; car on peut modifier son propre comportement, mais il est inutile de prétendre changer l'autre.

Trouver un vocabulaire commun

Lorsque l'on demande à des célibataires de définir les qualités qu'ils attendent chez un partenaire éventuel, ils utilisent souvent les mêmes mots. Prenons pour exemple la tendresse: pour ceux qui en ont été sevrés toute leur vie, cette demande sera prépondérante; pour d'autres, elle viendra en plus du reste. Il faut tenir compte également du fait que les termes ne revêtent pas la même signification selon que l'on est une femme ou un homme. La parole a beaucoup circulé du côté féminin ces 30 dernières années. Les hommes n'ont peut-être pas suivi toute l'évolution que leurs compagnes ont fait subir au langage amoureux.

Ils n'ont plus les mots pour répondre. Il est temps de confronter, dans le calme et l'écoute, la signification des deux vocabulaires.

Quand on exprimera les mêmes sensations de la même manière des deux côtés, quand le mot amour aura le même sens pour hommes et femmes, les chances seront plus grandes de définir un but de vie commun, puis de l'atteindre. Pour travailler dans ce sens, j'ai mis un glossaire à votre disposition à la fin du livre.

L'amitié : un modèle heureux

Je conseille aux célibataires de prendre des repères du côté de l'amitié. Ce mode d'attachement est plus facile à cerner que l'amour, car il n'est pas soumis à l'influence de l'intimité sexuelle. Les amitiés ne naissent que parce que chacun apporte quelque chose à l'autre et a du plaisir à être à ses côtés. On ne compte pas le temps qu'il faut pour devenir de vrais amis. Il n'y a là aucune notion d'urgence, poison des relations amoureuses à leurs débuts.

En amitié, il est plus facile de dire : Voilà ce que tu apportes dans ma vie, ce que tu me fais découvrir et connaître. Voilà de quelle manière tu peux m'aider quand je n'ai pas le moral ; avec toi, j'apprends, j'évolue, j'oublie mes inquiétudes.

L'idéal serait de pouvoir tenir le même discours en amour, avec une intimité physique satisfaisante. Pour cela, il faut accomplir une démarche préalable à la rencontre, pour offrir à l'autre ce qu'il recherche, tout en étant prêt à l'accepter tel qu'il est.

L'espace accueil

Être capable de rencontrer l'autre, c'est savoir ouvrir sa porte. Ce n'est pas forcer la sienne.

Il est souhaitable d'avoir un « intérieur » agréable et convivial à proposer. Le trésor que l'on a à l'intérieur de soi-même peut se comparer à un appartement. Il peut être aménagé selon différentes formules:

- le style camping fourre-tout;
- le genre «repli sur soi» (un lit à une place, un fauteuil, un minifour et un réfrigérateur toujours vide);
- le look accueillant, vivant: musique et plantes, un intérieur prévu pour l'accueil, la convivialité; à défaut de sièges, des coussins par terre et des boissons toujours prêtes.

La première formule est représentative d'un statut provisoire; le mobilier est inexistant, les valises non défaites traînent au milieu du salon...

C'est la situation des divorcés récents, des célibataires fraîchement installés dans la solitude. Ils devraient mettre de l'ordre chez eux avant de penser à recevoir l'autre. Si la rencontre se produit dans l'urgence, il y a de fortes chances pour qu'elle n'aboutisse pas tant que le logis n'aura pas pris forme.

La formule «repli sur soi» est celle des déçus, des découragés. Ils ont à se réconcilier avec leur passé. Beaucoup de facteurs oblitèrent le désir et la capacité d'aller vers l'autre. Si l'habitant d'un logis quasi désertique y convie un hôte, ce dernier risque fort de s'enfuir dès que possible, sans espoir de retour.

Les célibataires de ces deux types sont souvent ceux qui recherchent avidement une compagnie affective et sexuelle. Dans les deux cas, ils sont en situation de besoin et non de désir. Incapables de vivre seuls, ils recherchent de façon urgente et frénétique la relation, l'élu devant plus ou moins jouer le rôle d'écoutant ou d'assistante sociale. Les atouts de ces solitaires sont enfouis derrière un fatras de misères et de souffrances. À eux de faire le ménage afin de créer un environnement favorable à la rencontre.

Quand ces cœurs «en déficit» sauront faire «avec ce qui manque» et tirer parti de ce qu'ils sont, ils seront accueillis dans la joie et leurs relations seront basées sur la réciprocité. On rencontre des couples fonctionnant sur le modèle de la victime et du sauveur. J'ai vu beaucoup d'individus épuisés d'insuffler en permanence énergie et goût du bonheur à leur conjoint. Outre le poids de la demande sans cesse renouvelée dont ils font l'objet, ils doivent souvent supporter un sentiment de culpabilité lorsqu'ils tentent de s'éloigner pour survivre.

La formule du logis accueillant est plus favorable pour amorcer des relations viables et durables. Non pas en ouvrant sa porte à tout vent, mais en aménageant un intérieur qui donnera à celui ou à celle que l'on aura choisi(e) l'envie d'entrer et de… rester.

Les solitaires de ce groupe ont mis de l'ordre chez eux; leurs misères passées sont au placard: ils ont appris à valoriser leurs capacités conviviales. Leurs partenaires ne leur serviront pas de béquilles affectives et n'auront pas à redouter de mainmise sur leur personnalité. Les relations seront tout simplement fondées sur le désir réciproque de vivre ensemble dans le respect mutuel. Dans ce type de couple, chacun sera à même d'épauler son compagnon quand le besoin s'en fera sentir.

Si le besoin d'être aimé est légitime et existe en chacun de nous, la capacité d'aimer n'est pas toujours là. Pour qu'une relation soit viable, il faut savoir donner autant que l'on reçoit. Que pourrions-nous accomplir dans un monde où il n'y aurait que des demandes et point d'offres?

Développer ses capacités relationnelles, c'est faire émerger et mettre en valeur ses «dons conviviaux». Ils sont faciles à identifier et on les nomme sans aucun problème lorsqu'il s'agit de les demander à l'autre.

CLARIFIER SES OBJECTIFS

On l'a vu, réclamer du rêve, espérer un miracle, être fasciné par le ou la première partenaire potentielle rencontrée ne relève pas d'une démarche cohérente ni efficace à long terme.

Dans les lignes qui suivent, je ne prétends pas indiquer la recette infaillible, le philtre magique qui attirera l'amour au premier regard. Néanmoins, les malentendus les plus fréquents qui font tourner court les relations naissantes peuvent être mieux gérés qu'ils ne le sont. Quand les objectifs sont clairement définis, il est plus aisé de les atteindre !

Des questions à reformuler

Lorsque je leur demande quels buts ils poursuivent en participant à mes ateliers, les célibataires disent être venus dans l'espoir de trouver la réponse à une question précise qui varie, bien sûr, selon les individus. En voici quelques-unes, parmi les plus fréquentes :

- « Comment rencontrer des hommes de qualité ? »
- « Où trouver des hommes prêts à s'engager ? »
- « Quelle attitude adopter pour séduire le partenaire de son choix ? »
- « Comment quitter quelqu'un quand on ne l'aime plus ? »
- « Comment oublier une femme qui vous a quitté ? »
- « Comment ne plus être rejeté(e) quand on prend une initiative ? »
- « Comment oser faire le premier pas ? »
- « Comment ne plus être importuné(e) par des relations négatives ? »

La façon dont est posé l'objectif est intéressante. L'expression « homme de qualité » laisse songeur. Elle servait au XVIIIe siècle pour désigner les personnes de condition noble. Aujourd'hui, de quelle noblesse peut-il s'agir ? Celle du cœur ? Celle des sentiments ?

En reformulant sa question de la manière suivante : « Que puis-je faire pour construire une relation de qualité avec un homme que je rencontre ? », la femme deviendra le sujet de sa recherche et trouvera les moyens de la mener à son terme.

Où trouver des hommes prêts à s'engager ?

Personne (et probablement pas ses parents, dont c'était le rôle) ne s'est engagé « en amour » avec la solitaire formulant cette demande. Cette lacune affective demeure et prend une place démesurée dans la quête de l'autre. Le moindre petit projet commun proposé par le partenaire potentiel, même s'il s'agit d'une séance de cinéma, va résonner pour elle comme une déclaration. Chaque quiproquo, chaque retard seront interprétés comme des signes de « désengagement » et remettront en cause la fiabilité de l'homme.

On a vu que beaucoup d'hommes jugent les femmes trop exigeantes. Certaines sont surtout trop pressées. Leurs demandes sont formulées dans l'urgence et l'inquiétude. L'appréhension de ne pas trouver « l'homme de leur vie » les rend incapables d'établir une relation basée sur le respect de la personnalité de l'autre.

Ce type de femme pourra sortir de l'impasse en reformulant l'objectif de la manière suivante : « Je dois laisser aux hommes que je rencontre le temps de décider s'ils ont envie ou non de s'engager plus avant dans une relation. »

Quelle attitude adopter pour séduire le partenaire de son choix ?

La formulation de l'objectif peut être ici : « Où et comment choisir un partenaire pour que ma personnalité lui convienne ? » La question renvoie la célibataire à la nécessité d'analyser son propre caractère et débouche sur une seconde interrogation : « Que dois-je modifier dans mon comportement et mes attitudes pour attirer un homme qui souhaite établir une relation durable ? » Il est bien évident, en effet, qu'une femme sophistiquée et provocante aura plus de chances de séduire un homme soucieux des apparences et pressé d'exhiber sa nouvelle partenaire, plutôt que d'attirer un compagnon qui veut construire une union durable… au coin du feu.

Comment quitter l'autre quand on ne l'aime plus ?

Les personnes qui formulent cette demande se sont parfois laissées enfermer dans des rôles « protecteurs ». Souvent de tempérament actif alors que l'autre est passif, elles se sentent « indispensables ». Quand elles prennent conscience que cette position

« dominante » ne compense pas un manque d'amour, elles sont épuisées d'avoir à donner continuellement sans rien recevoir en retour ; elles culpabilisent à l'idée de laisser tomber leur partenaire. On observe souvent cette situation dans des couples dont l'un des membres est alcoolique : lorsque l'amour est mort, subsiste une relation de dépendance entre l'alcoolique et celui ou celle qui a tenté de l'aider à s'en sortir. Cette relation a été construite par les deux partenaires. Il est évident, en effet, que la personne « indispensable » a trouvé, à un moment donné, une certaine satisfaction à jouer son rôle.

S'il en était autrement, la séparation serait plus simple. L'objectif devrait en fait se formuler ainsi : « Comment avoir assez confiance en moi pour ne pas exiger d'un autre qu'il s'accroche à mon indispensable présence ? » Avoir besoin qu'on ait besoin de soi : beaucoup de relations dites amoureuses échouent du fait de cette attitude. L'amour ne se vit pas dans le besoin.

Comment oublier une femme qui vous a quitté ?

Il est évident que le fait de continuer à aimer quelqu'un qui a pris la décision de partir vers d'autres horizons est préjudiciable à l'avenir. Il n'existe pas de relation d'amour à sens unique et il est inutile de tenter de retenir quelqu'un pour qui l'histoire est terminée.

Lors d'un de mes ateliers, un homme ainsi abandonné exprimait un violent ressentiment envers sa compagne fugitive. Ses reproches étaient les suivants : « Elle n'a pas tenu ses engagements ; elle me laisse démuni, elle savait pourtant combien j'étais en difficulté ; elle est immature, elle ne prend pas ses responsabilités. »

Or, cet homme avait choisi une épouse qui avait 15 ans de moins que lui. Il avait pris plaisir à jouer à ses côtés le rôle de Pygmalion, dominant et épaulant sa compagne, lui prodiguant son savoir, lui apprenant à vivre. Il en attendait de la reconnaissance ; c'était sa façon d'aimer. Il aurait dû prévoir le départ de l'apprentie lorsqu'elle en saurait autant que son maître.

Cette femme avait évolué. Ce qui la satisfaisait au début ne lui suffisait plus. En lui reprochant son immaturité, son mari faisait fausse route: c'est précisément parce qu'elle avait mûri qu'elle avait pu s'échapper.

Il ne sert à rien d'accumuler des rancunes. Mieux vaut accepter l'évolution de l'ex-partenaire et faire son deuil des amours mortes.

Lorsque l'on regarde en arrière, on peut cerner les comportements qui ont été à l'origine de la rupture et tenter d'en changer… la prochaine fois.

Comment ne plus être rejeté quand on prend une initiative?

Encore une question mal formulée! Il semble que certains célibataires (les hommes comme les femmes) aient un instinct très sûr pour solliciter systématiquement qui va les rejeter. Leur quête amoureuse consiste à tenter de conquérir des forteresses imprenables; ils vont, bien entendu, de défaite en défaite, ce qui les conforte dans leur certitude qu'ils ne sont pas séduisants.

L'objectif à se fixer dans ce cas est le suivant: «Je dois apprendre à aller vers les partenaires éventuels qui semblent d'abord me trouver sympathique.»

Comment oser faire le premier pas?

Enfin une question qui correspond à un objectif clair! Penser à faire le premier pas, c'est déjà décider de prendre des initiatives. Reste à trouver les moyens d'y parvenir. À cet égard, les jeux en atelier sont là pour formuler des demandes et vérifier comment elles sont reçues. Lorsque les membres du groupe se connaissent suffisamment pour que certains projets communs soient réalisables, les stagiaires adressent des invitations aux personnes de leur choix. Un refus donnera lieu à une franche explication. Ainsi, ces célibataires ne se sentent plus rejetés «sans savoir pourquoi»; ils peuvent en outre tirer parti de ces dialogues pour améliorer leur manière de présenter leurs demandes. Ces séances permettent aussi d'apprendre à savoir accepter aussi bien un «oui» qu'un «non».

Comment ne plus être importuné par des relations négatives ?

Certains célibataires ne savent pas définir leur territoire. Leur porte est ouverte à tous, personne ne prévient de son passage. Leur réfrigérateur est toujours bien garni et leurs fauteuils, confortables. Ils vivent dans l'illusion d'être très entourés jusqu'au moment où ils font une prise de conscience: il y a trop de parasites et de pirates autour d'eux pour qu'ils puissent construire librement une relation privilégiée. Leur objectif? Fixer leurs limites et apprendre à faire le tri parmi les gens qui leur apportent quelque chose et ceux qui les dévalisent.

Chapitre 11
De la rencontre à la durée

Pour certains célibataires, la rencontre est systématiquement vécue comme un prélude à une relation durable. Or, une histoire d'amour se partage chronologiquement en cinq étapes qui ne s'enchaînent pas de manière inéluctable :

- rencontrer ;
- séduire, plaire, intéresser, donner envie d'aimer ;
- aimer ;
- durer ;
- gérer les déceptions, le cas échéant.

Sans en avoir vraiment conscience, certaines personnes n'ont aucune envie réelle d'accomplir la totalité du parcours ou n'en possèdent pas les capacités. Il y a les êtres pour qui les rencontres tournent invariablement court, ceux qui séduisent mais ne voient jamais s'engager de relation, ceux pour qui chaque liaison ne dure que le temps d'une « aventure », etc. Après quelques déconvenues, beaucoup se découragent.

D'autres veulent d'abord établir une relation et ne se soucient pas réellement de la personnalité du partenaire ; l'essentiel, pour eux, est de ne plus être seuls. Leur recherche en sera facilitée, car il est plus aisé de trouver une personne « de compagnie » qu'un compagnon d'amour. Ce type de célibataire est assez courant, et si le partenaire rencontré poursuit le même objectif, l'association peut se réaliser. J'ai connu plusieurs couples ayant ainsi réuni leurs solitudes dans la durée.

UN TERRAIN PRÉPARÉ

Lorsque l'on est réellement motivé à construire un couple, il ne faut brûler aucune des étapes du parcours amoureux. En agissant dans la précipitation, certains célibataires démontrent qu'ils ne sont pas prêts à vivre une vraie rencontre.

Pour déterminer les motivations réelles, essayez de rédiger une annonce. En réfléchissant honnêtement à ce que l'on est et au mode de relation que l'on souhaite établir, on précisera utilement ses objectifs.

Lorsqu'il s'agit de définir les raisons pour lesquelles un homme et une femme ont envie de se rapprocher, chacun établit des priorités : on peut placer au premier rang la sexualité, la complicité amoureuse ou intellectuelle, le désir de fonder une famille, etc. Il est bon également de se demander si l'on souhaite cohabiter et si l'on envisage de construire à moyen ou long terme, sur le mode globe-trotter ou coin du feu.

* * *

Je me souviens d'une jeune femme qui menait une joyeuse vie de célibataire. Elle venait de perdre son emploi quand elle me confia qu'elle souhaitait modifier son style de vie privée. Elle évoquait son désir de trouver un partenaire sécurisant, fiable, durable et sérieux. Ce brusque virage me surprit : j'y voyais un besoin de compenser une vulnérabilité ponctuelle.

Quelque temps après, elle retrouva un poste mieux rémunéré. Son rêve de mariage rassurant s'évanouit aussitôt. La jeune femme inquiète avait retrouvé sa joie de vivre et l'appétit de goûter encore à quelques aventures de charme.

Elle réalisa alors à quel point son désir de « se ranger » était directement lié à des circonstances ponctuelles et à son problème professionnel. Heureusement, aucun homme « sérieux » ne s'était laissé prendre à son piège…

* * *

Cet exemple prouve à quel point il est facile de se leurrer soi-même. Il est préférable (et plus sain) de « papillonner » ou de se contenter de relations basées sur l'amitié tant que l'on n'est pas prêt à construire à long terme, plutôt que de se convaincre que l'on cherche le grand amour. Inutile d'accumuler les rencontres alors que chaque déconvenue est source de souffrance.

Séduisez... il en restera toujours quelque chose

Pour qui sait en user, la séduction peut être source de pouvoir, de désir et de plaisir, ou tout cela à la fois. Pour beaucoup d'hommes et de femmes, il s'agit de se rassurer sur le pouvoir de plaire. Pour d'autres, il existe un vieux compte à régler : ceux qui ont été pris dans les filets d'un séducteur brûlent de jouer ce tour à d'autres, moins avertis. Si le jeu de la séduction est accepté par les deux partenaires (une soirée à réussir, chacun se trouvant au meilleur de sa forme), tant mieux ! « Je plais, donc je suis » est une devise qui en vaut bien d'autres. Les libertins, ou ce qu'il en reste, sont experts à ce jeu ; les épicuriens aussi. Je conseille aux non-initiés de s'abstenir ; ceux qui confondent séduire et aimer y laissent beaucoup de plumes. D'où la nécessité de clarifier ses objectifs et de ne pas se tromper de partenaire. Mieux vaut savoir où l'on veut aller et avec qui.

Rêve et réalité

Pour être réalisable, un objectif doit être réaliste. Vouloir construire un amour passion sur de longues années est souvent une gageure. Et si l'on peut raisonnablement souhaiter :

- une intimité satisfaisante ;
- un bien-être côte à côte ;
- une sécurité affective adaptée à ses désirs ;

... il est irréaliste de prétendre à :

- la fidélité réciproque, définitive, systématique ;
- une relation sans conflits ;

- une folle passion sans tempêtes ou un quotidien sans habitudes.

Soulignons que la durée n'est pas une valeur en soi. Le nombre d'années vécues ensemble n'est pas directement lié à la qualité de la relation. Durer pour durer ne veut rien dire en amour, sinon pour les inconditionnels du mariage à vie. Si l'on applaudit ceux qui fêtent noces d'argent et noces d'or, on se demande parfois si c'est pour saluer leur amour ou leur persévérance.

L'identité féminine en question

J'ai constaté que beaucoup de femmes ont du mal à assumer de front les différentes facettes de leur identité : féminines, féministes et femelles. Les hommes placent la douceur au premier rang des qualités féminines et cela fait frémir les nouvelles femmes, tant elles traduisent ce terme par celui de « soumission ».

Il est évident que si l'on n'attribue pas le même sens au même mot, on a peu de chances de pouvoir dialoguer et présenter clairement à l'autre ses objectifs. Il est indispensable de savoir écouter son partenaire et de lui demander au besoin de préciser sa pensée. On évitera ainsi de commencer une relation sur des bases floues et parfois complètement faussées, donnant raison au dicton selon lequel l'amour est le plus grand des malentendus ».

Le droit à l'errance

Hormis certains cas que l'on pourrait qualifier de pathologiques, aucun objectif n'est blâmable lorsqu'il s'agit de relation. L'important est de pouvoir l'exprimer. Ce qui ne préjuge en rien de sa réalisation, puisque dans une rencontre amoureuse on est (au moins) deux.

Chacun, chacune a parfaitement le droit de connaître dans sa vie des périodes d'errance durant lesquelles sensualité et plaisir sont prioritaires. L'important est de ne pas se leurrer (soi-même, puis l'autre). Ce sont les non-dits et les mal-dits qui instaurent les conflits. Il faut savoir accepter son vagabondage et en informer le partenaire éventuel. Aucun célibataire n'est tenu à l'exclusivité. On peut être fidèle à sa manière, en maintenant longtemps une relation, sans pour autant être exclusif. C'est tout à fait admis en amitié, ça l'est moins en amour, d'où la nécessité de préciser à temps la manière dont on voit les choses. Cette franchise demande un certain courage, car l'autre peut refuser de jouer ce jeu. C'est le risque de toute relation authentique.

La fidélité sexuelle se décide à deux. Tant que le couple n'a pas pris cet engagement commun, chacun de ses membres garde sa liberté d'action. Compte tenu du nombre de cœurs aspirateurs et de l'importance que revêtent encore pour certains les valeurs traditionnelles, j'encourage vivement à la sincérité les adeptes de l'errance. Ils feront d'une pierre deux coups : rester couverts et éviter de subir des représailles !

Être d'accord

Lors de la clarification des objectifs, le plus important est le sens que l'on donne à sa vie et les valeurs qui y sont attachées. Peu d'individus savent aujourd'hui donner un sens global à leur existence. Pourtant, on trouve de grandes orientations de vie chez beaucoup de gens. Pour certains, la sécurité matérielle prime (vivre à l'aise), pour d'autres, la réussite sociale, ou encore la famille, la création artistique, etc. Il s'agit de savoir ce qui nous mène. Sans entrer dans des considérations mystiques, il y a en tout être humain une énergie, une force dynamique. Le fait de rechercher cette force et de savoir la nommer est très important pour mener à bien la quête amoureuse. Pour un homme qui ne pense qu'à remplir son coffre-fort, il est inutile en principe de chercher à séduire une adepte du service social.

Plus faciles à repérer sont les tendances politiques et les convictions religieuses. Les questionnaires des agences de rencontre sont sur ce point des plus directs. Mais il ne suffit pas de savoir que l'autre est « catholique pratiquant » ; il reste à comprendre ce que ce terme recouvre pour lui et de quelle manière cela influe sur ses comportements.

Couple et réalisation personnelle

Il est des femmes et des hommes pour qui la réalisation personnelle passe obligatoirement par la fondation d'une famille. C'est un objectif en soi, qui justifie pleinement l'existence du couple. J'ai connu des fiancés qui décidèrent d'avoir 15 enfants ; ce qui fut dit fut fait.

D'autres individus font passer leur réalisation personnelle par l'exercice d'une profession, par l'expression d'un talent artistique, etc. Je suis surprise, lors de la diffusion de certaines émissions télévisées ou radiophoniques, de constater que beaucoup de personnes célèbres (acteurs, écrivains, explorateurs) avaient en elles leur vocation depuis l'enfance.

Cela ne les a généralement pas empêchées de se marier, d'avoir des enfants, bref, de mener, parallèlement à leur vie publique, une vie privée plus ou moins réussie. Sauf exceptions (mais les choses changent), ce sont surtout des hommes qui ont pu ainsi assouvir une passion personnelle en maintenant leur vie familiale. Les épouses qu'ils ont choisies (parfois, plusieurs se sont relayées, tant la tâche était ardue) ont dû souvent abandonner leurs intérêts personnels pour soutenir leurs hommes dans la réussite de leurs projets ; certains d'entre eux le reconnaissent bien volontiers.

Aujourd'hui, une femme passionnée par la compétition sportive ou la création artistique ne lâchera pas facilement ses talents. Il faudra qu'elle en tienne compte avant de partir en quête de l'autre.

Fonder une famille lorsque les deux membres du couple sont passionnés peut présenter certains dangers. Il est plus prudent d'éviter d'entraîner des enfants dans une telle galère. Il est difficile, pour une femme lancée à corps perdu dans un métier exaltant, de construire une union sereine avec son alter ego. Certains, comme Burton et Taylor, en ont fait les frais.

La femme qui s'engage avec un homme passionné par son métier doit savoir que la charge éducative va lui revenir à plein temps : il lui faudra aussi calmer les angoisses existentielles du mari chaque fois qu'il éprouvera un doute quant à sa propre valeur. On peut observer que ce type d'homme recherche souvent en se mariant un repère sécurisant. À moins qu'il ne s'agisse, plus prosaïquement, de la nécessité d'avoir à sa disposition une épouse efficace pour gérer le quotidien.

Les incertitudes

En s'exprimant, parfois pour la première fois, sur leur vie affective, certains célibataires découvrent que la quête d'un partenaire (demande initiale) est un élément parmi d'autres dans leur difficulté existentielle : il y a confusion entre problèmes matériels et affectifs. Beaucoup pensent que le fait de trouver une relation privilégiée va régler l'ensemble des problèmes auxquels ils sont confrontés. Ainsi, la relation amoureuse à laquelle ils aspirent aurait de multiples effets :

- leur redonner goût à la vie ;
- les rendre beaux et séduisants ;
- résoudre les problèmes matériels ;
- leur permettre de réaliser tous leurs projets ;
- satisfaire leurs besoins affectifs et sexuels ;
- les aider à se sentir socialement dans les normes ; etc.

Pour répondre à la question : Où trouver un partenaire ?, il est essentiel d'avoir apporté des solutions aux autres problèmes. La démarche est assez difficile en soi pour qu'on ne l'encombre pas de considérations annexes, telles que repasser son linge ou faire sa déclaration d'impôts.

Les bonnes et les mauvaises raisons

Certaines femmes cherchent un homme pour les aider à obtenir un meilleur standing de vie. Autant être claire sur ce choix et chercher du côté des nantis… sans tricher. Certains hommes apprécient encore le fait d'entretenir une femme au foyer. J'ai vu des veufs pour qui la présence de jeunes enfants était incompatible avec une vie professionnelle très prenante. L'objectif était de trouver une femme pédagogue, prête à aimer les enfants d'une autre. Autant le préciser au départ : il est des mères en puissance qui trouvent leur bonheur à prendre en charge une famille toute faite.

Qui dit objectif clair dit décision plus facile, et les moyens pour l'atteindre sont plus aisés à mettre en œuvre. Reste ensuite à définir une stratégie adaptée.

Pour d'autres, le désir de relation repose sur des motivations moins avouables ; il serait bon que ces personnes bénéficient d'une prise en charge thérapeutique. Est-ce trop demander ? Une union réussie ne vaut-elle pas qu'on lui donne ses chances ? Les personnes affligées d'une structure psychologique perverse et fortement névrotique vont-elles encore longtemps entretenir leur pathologie avec des partenaires thérapeutiques ?

Certains affirment que 90 % des couples ne tiennent que grâce à des névroses compensées. J'espère, pour ma part, que les couples bâtis sur des bases saines seront de plus en plus nombreux ; cela aura pour premier mérite d'épargner à certains enfants un gros handicap avant même leur naissance.

Tout choix implique un renoncement. Les hommes et les femmes isolés qui veulent construire une relation oublient ou négligent cette part du contrat. Trop préoccupés par le désir ou le besoin de vivre à deux, ils sombrent parfois dans un romantisme de midinette ou se réfugient dans une solitude désespoir ; ils ignorent quels sont les facteurs à considérer lors de toute prise de décision importante. Ce sont :

- le calcul des risques ;
- l'évaluation des enjeux ;
- les peurs à dépasser ;
- les initiatives à prendre.

Il se peut que certains hommes et certaines femmes aient cela en tête à la veille de leur mariage, mais de façon extrêmement confuse. Ces notions passent au second plan, derrière une pression familiale et sociale qui les pousse à convoler au plus vite.

C'est un peu comme un coureur automobile qui ne ferait pas réviser son moteur et sa direction avant le départ des 24 heures du Mans. Pour un couple, il vaut mieux dépasser 24 heures.

Chez d'autres prétendants au couple, les motivations sont tellement contradictoires et entremêlées que leur désir et leur crainte créent une véritable angoisse la veille du mariage.

J'ai ainsi eu l'occasion de rencontrer des jeunes couples, la veille de leur engagement à la mairie. La cohabitation qu'ils vivaient depuis plusieurs mois leur donnait satisfaction, mais ils avaient peur d'officialiser la situation. Si les mariages forcés d'autrefois n'existent plus, il est encore des familles qui n'accueillent pas vraiment chaleureusement l'ami ou l'amie et qui incitent par tous les moyens les jeunes gens à régulariser leur situation. Combien de couples sur le point de divorcer m'ont dit que leur relation avait commencé à se détériorer dès le lendemain de leur engagement officiel !

Laissons le temps au temps et aux amoureux de décider ensemble du moment de se dire oui.

La prise de risques

Pour les solitaires, le fait d'entamer une quête amoureuse implique différents risques. Dès qu'il est question de modifier un comportement, ils se sentent fragilisés. Fortement attachés à des repères qui, souvent, ne leur conviennent même plus, ils ont l'impression de sauter dans le vide sans parachute. Leurs principales sources d'inquiétude sont liées aux faits suivants :

- aller vers des inconnus, vers l'Inconnu de la vie à deux ;
- savoir dire « oui » ou « non » à des partenaires potentiels ;
- abandonner une vie d'errance, d'aventures, que l'on connaît bien, pour aller vers une relation plus sereine mais plus difficile à créer ;
- bousculer des habitudes confortables, des rituels installés ;

- craindre de vivre ou de revivre des déconvenues, des déceptions;
- accepter de s'être trompé et savoir le dire à l'autre;
- avoir peur de revenir au point zéro au terme de la recherche;
- ne plus décider seul, mais à deux;
- présenter un «conjoint» à sa famille, et surtout à ses enfants quand on en a. Cela se rencontre surtout après un veuvage: les jeunes ont l'impression que l'on trahit le père ou la mère décédée.

L'amour est un risque à prendre; les timorés ont peut-être intérêt à demeurer dans la solitude, s'ils y sont bien – ce qui est rarement le cas. Le courage s'apprend.

L'important est de savoir nommer les risques et les relativiser. Le fait d'en parler dédramatise déjà les choses. Pour mobiliser toutes les chances de réussite, je suggère d'utiliser des termes volontairement concrets (dont raffolent les stratèges d'entreprise): objectifs, enjeux, négociation.

C'est parce qu'il y a eu, dans la vie de ceux que j'écoute, trop de rêves déçus en raison de situations mal évaluées au départ, que j'essaie de rendre cohérent ce qui devient chaos lorsque les émotions et les sentiments prennent le dessus. Mes bilans de capacités relationnelles sont là pour ça.

Qui dit risque ne dit pas «Stop: danger». Il est simplement question d'être cohérent avant d'être amoureux et de rester lucide devant les obstacles.

Prendre la décision de vivre à deux est un grand changement, voire un bouleversement de vie (tout comme une séparation). Il convient de passer en revue tout ce qui pourrait y faire obstacle, afin que la route ne soit pas minée.

Peur de qui ? Peur de quoi ?

Pour aller de l'avant, il faut aller au-delà de ses craintes. Nommer ses peurs, ses faiblesses est déjà un moyen d'y faire face; les dire à l'autre, aux autres, est la meilleure façon de construire une relation authentique.

Cette démarche passe par la connaissance de soi. Comment aller vers une relation et prétendre connaître l'autre si l'on n'a pas fait au préalable le ménage de son intérieur ?

Ainsi, cet homme de 35 ans qui participait à l'un de mes ateliers. Il prétendait faire systématiquement l'objet de manipulations dans ses relations amoureuses. Il était objet et souhaitait devenir sujet. Son désir de vivre à deux était aussi fort que sa peur d'être à nouveau « manipulé ». Cette situation, extrêmement difficile à vivre, lui ôtait tous ses moyens devant une partenaire possible. En exprimant ce malaise face au groupe, cet homme faisait un pas vers le désamorçage de sa peur.

Au cours de la journée, j'observai chez lui la nécessité d'apaiser toute discussion conflictuelle. Il proposait toujours des solutions de paix, de réconciliation, quitte à donner de sa personne, dès que le ton montait.

Il avait également du mal à répondre par « oui » ou par « non » à ce qu'on lui demandait. Il s'abritait volontiers derrière des « Cela n'a pas d'importance » ou des « Comme vous voulez ». Les questions directes le mettaient très mal à l'aise et il s'assurait de l'assentiment de ses voisins lorsqu'il avançait de timides réponses. L'essentiel, pour lui, était de ne pas faire de vagues et surtout de ne pas provoquer de tempêtes dans le groupe, au risque de perdre son identité.

C'est là le comportement du parfait manipulé. Je ne m'étendrai pas sur le passé de cet homme, qui n'avait pas eu, quand il était petit, le choix de ses comportements. La crainte s'était installée, faisant de lui une marionnette volontaire devant tout individu. En face d'une femme désirable, il se sentait en danger. Son enfance était loin, il avait décidé de grandir.

Le fait de vouloir changer son comportement et de le regarder en face, avec l'aide du groupe, était déjà un grand pas en avant. Il lui restait désormais à apprendre à investir cette confiance toute neuve dans une relation amoureuse.

Je propose aux célibataires qui sont inquiets au début d'une relation amoureuse de se poser les questions suivantes :

« De quoi ai-je peur ? »

«Quel est l'enjeu de cette rencontre ?»

«Quels sont les risques que je prends en décidant d'aller vers l'autre ?»

«Quels sont mes atouts pour réussir ?»

En y répondant par écrit, il est plus facile de replacer la situation dans un cadre logique, de nommer précisément ces peurs, qui sont souvent des résurgences d'expériences passées, et d'aller de l'avant.

Les initiatives : vivre, c'est oser

Quand les craintes concernant un partenaire éventuel non encore identifié sont repérées et dédramatisées, il est plus facile de décider. Reste à se donner les moyens de parvenir à l'objectif et de surmonter les obstacles. Si les peurs semblent insurmontables, on peut prendre la décision de reporter la démarche. Il est parfois nécessaire de faire appel à un psychothérapeute qui aidera à comprendre pourquoi la peur ne lâche pas prise. Cette démarche positive n'est pas des plus faciles. Elle prouve cependant que l'on veut se donner les moyens affectifs de réussir une relation.

Qui dit «responsabilité» ne dit pas «culpabilité» : la culpabilité induit le rapport de force. Il y a celui qui sait, qui est bon, et l'autre, l'ignorant, l'incapable. L'amour se fait en duo (pour la majorité des gens). Si l'initiative de vivre à deux se prend d'abord en solo, reste que le couple est l'affaire d'un homme et d'une femme qui décideront ensemble de leur existence commune.

Rencontrer des partenaires éventuels, c'est se donner tous les matins un formidable élan pour sortir de chez soi (au sens propre et au sens figuré) et pour s'ouvrir aux autres. Certaines femmes s'abritent encore derrière une passivité inhérente à leur sexe, disent-elles. Ce comportement serait, selon elles, apprécié par les hommes. L'opinion de ces derniers sur la question n'est pas aussi tranchée : si l'image de la femme adjudant les séduit rarement, ils adorent, en revanche, être sollicités. Si quelque chose leur a plu dans les conséquences du féminisme, c'est justement cette possibilité qu'ont désormais les femmes d'aller vers eux.

Les femmes, comme les hommes, doivent, si elles veulent échapper à leur solitude, être prêtes à prendre l'initiative. Or, il semble que beaucoup de célibataires des deux sexes se rangent du côté des passifs. C'est à qui ne fera pas le premier pas vers l'autre.

La recherche d'un partenaire, comme celle d'un emploi, implique que l'on s'investisse. Si l'on reste dans son coin sans informer quiconque de son arrivée sur le marché (du travail ou de l'amour), les chances de réussite sont minces. Reste qu'il n'existe ni Agence nationale pour l'emploi (ANPE) ni Centre de développement des ressources humaines ni chasseurs de têtes vraiment capables d'orienter les chômeurs du cœur et que les ordinateurs n'ont pas de programme « coup de foudre ».

Quand on prend la décision d'aller vers l'autre, il faut ouvrir sa porte, ses yeux et ses oreilles, prendre son bâton de pèlerin, élaborer sa propre stratégie, définir son parcours amoureux. L'expérience passée permet d'avancer et de progresser. Si nous avons bien vécu, c'est avec joie que nous regarderons les jeunes, car nous n'aurons rien à leur envier. Ce qu'ils vivent, nous l'aurons connu avec autant d'intensité. Je suis persuadée que les personnes âgées qui n'aiment pas les jeunes sont celles qui leur reprochent de vivre les expériences qu'elles se sont elles-mêmes interdites. Essayons de prendre un autre chemin et, plus tard, les jeunes rechercheront notre compagnie.

Quand on s'est donné les moyens de rencontrer quelqu'un, même si l'on se plaît mutuellement, la partie n'est pas encore gagnée. Il existe heureusement des moyens pour gérer le mieux possible la situation.

Pour éviter la confusion, les maladresses, les inquiétudes ainsi que les doutes et agir en profitant des meilleures conditions possibles, dans les pages à venir, j'examinerai des façons d'améliorer certaines ressources personnelles.

Mettre les chances de son côté

Que faut-il pour que la première rencontre, les rencontres suivantes et le début d'une relation aient toutes les chances de réussir ?

Il faut développer en soi les capacités nécessaires à l'élaboration, à la réalisation et à la construction d'une relation amoureuse. On se promet de devenir un ami pour soi-même, puis on décide de se prendre par la main et de sortir, d'aller là-bas, vers les autres, pour faire leur connaissance.

Reste l'audace, qui réside dans la volonté d'aboutir et dans la confiance en sa capacité d'aimer plutôt que dans sa capacité d'être aimé. Je vous propose maintenant d'examiner quelques éléments nécessaires au bon démarrage d'une histoire de cœur.

Savoir et faire savoir

Ici encore, il y a une contradiction très difficile à vivre : plus on désire être deux, moins on le signale. Les autres ont beau jeu de dire : « Elle (ou il) crève de solitude, ça se voit. » Celui qui souhaite sortir de sa solitude serait plus honnête et plus cohérent s'il déclarait : « J'ai décidé de trouver une partenaire de vie ; si vous connaissez quelqu'un, n'hésitez pas à me donner ses coordonnées. » Dans les pays anglo-saxons, on se communique facilement les numéros de téléphone des personnes sympathiques. En France, qui a pourtant la réputation d'être le pays des amoureux, les affaires de cœur sont affaires de c… ou restent muettes.

Les hommes et les femmes qui cherchent un partenaire ne le feront jamais assez savoir. Si quelqu'un existe pour répondre à la demande d'amour d'un soliste, celui-ci doit tout mettre en œuvre pour le trouver. Il faudra peut-être fouiller dans beaucoup de bottes de foin et se piquer quelquefois, mais partir gagnant est déjà une victoire sur soi.

Pouvoir se dire, et dire aux autres, que l'on est fermement décidé à découvrir un partenaire de vie et d'amour, c'est se donner le pouvoir de réussir. Aller jusqu'au bout de ses désirs, c'est se prouver que l'on est capable de choisir sa vie. C'est, tout simplement, oser vivre.

LE POTENTIEL AMOUREUX

Lors de la rencontre d'un inconnu, on devrait toujours être très attentif à ce que l'on ressent au premier regard. L'expérience prouve, en effet, que cette première impression se révèle être la bonne.

Certains voient juste. D'autres font preuve de plus d'imagination que de perspicacité. Il est intéressant de chercher les sources d'erreur : elles proviennent le plus souvent d'associations de personnes ; en regardant le nouveau venu, certains traits de son apparence nous renvoient à des souvenirs, à d'autres images. À partir du visage, de l'attitude ou de certains détails vestimentaires, on plaque sur un inconnu les caractéristiques d'un parent ou d'une connaissance auxquels notre mémoire l'associe.

Être lucide

Lors d'un premier rendez-vous, l'intuition est à privilégier. Il faut lui faire confiance. Quelqu'un à côté de qui l'on se sent inquiet ou angoissé mérite que l'on se pose quelques questions. Cette sensation est-elle due à notre humeur du jour ? Avons-nous des raisons d'être mal à l'aise, sans rapport avec l'individu rencontré ? En tout état de cause, si le malaise persiste lors d'une prochaine entrevue, inutile de persévérer ; peut-être faut-il laisser du temps s'écouler avant de tenter un nouveau contact. En revanche, il est des gens avec lesquels on se sent immédiatement en accord tacite. Cette première impression positive justifie que l'on persévère dans la relation.

Quand l'amour est aveugle...

La première sensation est un élément nécessaire, mais pas suffisant. Le bien-être côte à côte n'est pas une garantie de la réussite d'un couple. Il faudra poser les « bonnes » questions, savoir entendre les réponses... et quelquefois questionner à nouveau en évitant néanmoins l'interrogatoire – question de tact.

J'ai reçu en consultation une femme d'une quarantaine d'années qui semblait profondément inquiète. Elle avait rencontré un homme quelques mois auparavant. Ce monsieur lui plaisait. Elle habitait Paris et lui, la province. Lorsque ses activités professionnelles l'amenaient à Paris, il résidait chez elle. Un jour, la dame dut aller dans cette région voir une amie. Elle était ravie de pouvoir ainsi connaître le milieu de vie de cet homme. Hélas, lorsqu'elle fut sur place, ce dernier lui fit dire qu'il était souffrant. Elle entreprit un autre voyage, il était absent. Je trouvais cette situation suspecte, d'autant plus que notre homme, qui habitait une ville importante et occupait un poste de cadre dirigeant, prétendait ne pas avoir le téléphone. Je n'invente rien!

Ma cliente présentait toutefois cette relation comme une belle histoire d'amour. Pourtant, j'appris que ses amies s'amusaient de sa crédulité, motif de sa démarche auprès de moi: elle venait chercher mon avis, alors qu'elle savait pertinemment que l'homme qui l'attirait lui mentait. Elle lui avait posé des questions trop vagues, lui avait demandé son numéro de téléphone sans insister, «oubliant» de s'adresser aux renseignements téléphoniques pour en avoir le cœur net.

Ce genre de fourvoiement est plus courant qu'on ne le croit. Il mène à des situations inextricables si l'on ne le désamorce pas à temps. Un séducteur se reconnaît. Un homme qui cherche un avenir durable à deux, aussi. Ils ne fraient pas dans les mêmes eaux, ils ne marchent pas du même pas. Leurs langages sont différents.

Au-delà de l'état amoureux, il est des questions justes à poser, des comportements à vérifier, des réponses à faire préciser. C'est souvent parce que l'on a peur des réponses qu'on ne pose pas les bonnes questions à temps.

Cela s'apprend, sauf si l'on préfère s'enfermer dans des situations floues. Sans confiance, il n'y a ni amour ni amitié; rester dans le vague renforce la dépendance. Certains, n'osant pas poser les justes questions, deviennent extrêmement possessifs. C'est leur manière à eux de «surveiller» les agissements de l'autre. Le mensonge règne, la suspicion s'installe: drôle de début pour une relation!

Se donner les moyens de plaire

Je n'utilise pas ici le verbe séduire, car il revêt pour certains une notion d'immédiateté. Quand on souhaite une relation durable, il est moins question de séduire que de plaire, intéresser et donner envie de se connaître plus et mieux.

L'habit ne fait pas le moine

On se doit d'être présentable, d'une part, pour se regarder dans les miroirs avec plaisir et, d'autre part, le regard étant le premier contact, il est préférable de donner de soi la meilleure image possible. Tout individu possède des atouts physiques, sans en être toujours conscient. Homme ou femme, chacun peut améliorer son aspect par des soins appropriés. Il s'agit, là encore, d'être lucide et de vouloir s'occuper de soi : faire de l'exercice, suivre un régime, s'assurer le conseil d'une esthéticienne ou d'un bon coiffeur, tout cela demande des efforts mais mérite à coup sûr que l'on s'y attarde, autant pour soi que pour l'autre.

Inutile, pour ce faire, de parcourir avidement les revues de mode et de se ruiner en mensuels féminins, en liposuccions et autres bricolages onéreux. À chacun son style, sa mode, son regard, sa coiffure. Les femmes (et certains hommes) en sont de plus en plus conscientes, à tel point qu'une nouvelle profession vient de naître : conseiller en look. Ces conseillers d'un nouveau genre tiennent compte de la personnalité de leurs clients et de leurs clientes. Certains s'entretiennent longuement avec ceux qui font appel à leurs talents, pour saisir les nuances de leur caractère et ce qui fait leur richesse intérieure. Il n'est pas question de se maquiller de façon exagérée et de ne plus se reconnaître. Il s'agit, à travers certains détails importants de l'apparence, de faire émerger « l'âme » d'un individu. C'est une simple mise en valeur de la personnalité et des atouts de chacun ou chacune.

La forme et le fond

Aussi importante que l'aspect physique est la façon de s'exprimer. Je conseille souvent à ceux et celles qui ont du mal à prendre la parole de faire du théâtre. Il y a là des exercices appropriés pour apprendre à parler à l'autre et surtout à l'écouter. Il est bon de sécuriser son interlocuteur si on le sent timide et de lui offrir la parole. Une rencontre ne doit pas être prétexte à parler de soi; on a tout intérêt à ce que l'autre s'exprime. Les silences sont également importants: inutile de les meubler à tout prix. Gestes et regards peuvent prendre le relais et favoriser l'éclosion des émotions.

Quant au contenu du discours, il varie, bien évidemment, selon les individus. N'évoquer que sa profession ou ses relations passées ne laisse pas présager une rencontre réussie. Si l'on se répand longuement sur ces deux thèmes lors d'un premier rendez-vous, c'est bien souvent parce que l'on souhaite, consciemment ou non, éviter d'autres sujets. Ceux-ci impliqueraient que l'on s'engage davantage sur le plan émotionnel, terrain glissant. Qui n'a ni centres d'intérêt ni plaisirs n'a généralement rien de bien intéressant à dire. Avant une première rencontre, dressez la liste de vos passions, de toutes les choses qui vous apportent du bonheur, de manière à en faire présent à votre partenaire éventuel.

Lorsque je demande aux hommes et aux femmes de préciser ce qui leur donne envie d'en savoir plus sur l'autre au cours d'une première rencontre, je suis surprise de constater à quel point on marche à l'aveuglette. Là aussi, il faut renoncer aux idées reçues. Côté femmes, notamment, il faut oublier les *a priori* négatifs du féminisme et savoir que les hommes sont prêts à parler un nouveau langage. Encore faut-il savoir les écouter là où ils sont, comme ils sont, ou s'en passer.

Dédramatiser la rencontre

Le premier appel téléphonique, le premier rendez-vous avec une personne inconnue prennent souvent l'allure d'une redoutable épreuve, surtout pour ceux qui n'ont pas l'habitude de se trouver en tête-à-tête avec une personne de l'autre sexe. Pour dédramatiser, on peut essayer, seul ou avec l'aide d'un ami, de prévoir toutes les situations, tous les dialogues possibles. Le premier instant peut être déterminant : il y a mille façons de se présenter, de prononcer la première phrase.

Et si vraiment on se sent mal à l'aise, on peut se rassurer car l'autre l'est probablement aussi. La meilleure façon de rétablir le bien-être est de signifier sincèrement la nature de son malaise. « Je dois vous avouer que c'est la première fois que je me trouve dans une telle situation, d'où mon embarras… » : excellente entrée en matière. On est souvent persuadé que le partenaire éventuel ne ressent pas la même inquiétude, alors qu'il n'en est rien. Il ne faut pas surestimer son interlocuteur, mais le mettre à l'aise (et se mettre soi-même à l'aise) en s'efforçant de s'exprimer de manière authentique.

Aborder l'autre avec un « Parlez-moi de vous » est redoutable. J'en connais beaucoup qui sont paralysés par cette petite phrase. On a tout intérêt à ouvrir sa porte avant de forcer celle de l'autre. Il suffit de se révéler un peu, d'évoquer ses loisirs, ses origines, pour le voir s'apprivoiser et s'exprimer à son tour. On instaurera ainsi le climat de confiance indispensable à la poursuite de la relation.

Et surtout, n'oubliez pas de sourire !

Écouter l'autre

Moulin à paroles cherche oreille complaisante.

Certains célibataires souffrent d'un retard de paroles. C'est un des effets de la solitude. N'ayant pas d'interlocuteurs, ils inondent d'un flot verbal quiconque passe à leur portée. J'insiste, là encore, sur la nécessité de se forger une vie sociale. Relations et amis permettent largement de s'exprimer. L'excès de paroles peut aussi recouvrir une angoisse diffuse : on a peur du silence ou de laisser la place. Dans ce cas, l'attitude la plus sage consiste à laisser s'écouler le torrent, dans l'espoir d'accéder par la suite à des eaux plus calmes où se frayer un passage.

C'est grâce à une écoute attentive que l'on repère les charmeurs passifs, les cœurs blindés et autres personnages de notre époque (*voir le chapitre premier*). C'est en connaissance de cause que l'on décidera d'interrompre la relation ou d'accepter tels qu'ils sont les nouveaux venus. Personne ne change, tout le monde peut s'adapter…

Rien ne presse, mieux vaut prendre le temps d'entendre le partenaire éventuel, de reconnaître sa spécificité avant d'imposer son discours. C'est aussi un signe de courtoisie.

Dialogue de sourds

Écouter n'implique pas seulement d'avoir une bonne oreille. Encore faut-il savoir entendre; l'expression «bonne entente» est significative du sens que revêt ce verbe lorsqu'il s'agit de rapports humains.

Lors d'un atelier sur la communication, une jeune femme prétendait ne jamais intéresser personne. On ne lui proposait rien, tous ses efforts pour amorcer une relation restaient stériles, disait-elle. Avec ce discours négatif, elle monopolisait néanmoins la conversation, commençant à ennuyer les autres convives. En insistant, et au prix d'une certaine patience, je réussis à lui demander quels étaient ses loisirs, ses centres d'intérêt. Je dus répéter ma question plusieurs fois et de différentes manières.

Elle avait du mal à entendre. Quand elle perçut enfin le sens de ce que je lui disais, le silence s'établit: elle éprouvait des difficultés à définir concrètement ses loisirs. Il lui était plus facile de rester sur des *a priori* et de se lamenter sur le fait que l'on ne s'intéressait jamais à elle que de chercher en quoi elle pourrait intéresser les autres en se donnant le pouvoir d'attirer une attention positive.

Un participant lui proposa alors d'aller avec elle visiter un musée. La femme n'entendit nullement le message; quand je lui suggérai de se taire et d'écouter ce que cet homme était en train de lui dire, elle ne comprit pas. Elle recevait toujours les messages en négatif. Je dus demander au monsieur de réitérer sa proposition, lui spécifiant de s'adresser directement à la dame et de la regarder bien en face.

Cette participante prit péniblement conscience de son attitude. Elle se montra émue de l'invitation de cet homme. Il y a fort à parier qu'il y en avait eu d'autres avant lui; elle ne les avait pas entendus et eux, moins persévérants, s'étaient lassés.

Certains échos d'un passé difficile bouchent les oreilles. Les déboires d'autrefois n'ont pourtant rien à voir avec l'interlocuteur présent qui souhaite, lui, être entendu et cherche une ouverture pour communiquer. Si la porte reste fermée, il n'y est pour rien. À chacun sa vie et sa volonté d'ouvrir ou non l'accès à la relation. L'écoute est une clé.

L'attitude de certaines femmes est, à cet égard, paradoxale. Elles prétendent vouloir construire une relation et restent fermées à toute sollicitation masculine. Inutile de vouloir attirer l'autre si l'on n'a pas en soi un minimum de bienveillance. Ces femmes ont souvent mal digéré le discours des féministes et n'en ont gardé que les outrances. Leur perception négative des hommes se lit sur leur visage. Elles n'ont pas à s'étonner de n'attirer que peu de candidats.

Lorsque l'on ignore tout de l'autre et que l'on a envie d'en savoir plus, on doit préparer le terrain. La qualité de l'écoute est un préalable nécessaire à l'entrée en relation. Donner sa chance à l'autre de plaire, de trouver sa place, n'est possible que si l'on accepte d'entendre ce qu'il exprime. Il ne s'agit pas seulement d'avoir une bonne oreille. Cela aussi s'apprend.

Savoir présenter sa demande

Ne rien exiger de l'autre mais savoir « prendre » ce qui est bon chez lui, comme un cadeau, est la juste attitude pour voir une relation s'épanouir.

On a aussi le droit de demander et de recevoir. Je dis bien « demander », et non « exiger ». Lorsque l'on exprime une demande, on laisse à l'autre la possibilité de se situer par rapport au souhait émis. Cette démarche permet de mieux se connaître et de bien définir la position de chacun, avec un oui comme avec un non.

À bonnes questions, réponses pertinentes

Il existe différentes façons de poser des questions ; certaines paralysent et d'autres débouchent sur un échange constructif.

Exemple de question bien posée : « Aimez-vous les voyages ? » L'autre reste libre de répondre « oui », « non », ou « cela dépend ». On peut ouvrir encore plus l'espace en essayant: «Si nous parlions voyages... Je trouve que c'est un sujet intéressant pour mieux se connaître.» La phrase de demande est une ouverture. Elle permet d'engager la conversation autour d'un thème et de la poursuivre.

Il m'est arrivé, en revanche, d'entendre des phrases du style: «Je ne peux m'intéresser à quelqu'un qui n'aime pas voyager...» Il peut s'agir d'aimer ou non les animaux, la musique, etc. Une telle formulation ferme la porte. Et si l'interlocuteur n'apprécie pas forcément les voyages ou les animaux, vous ne saurez jamais s'il aurait pu s'y intéresser à travers vous ou s'il a d'autres centres d'intérêt, aussi passionnants ou plus.

Même si l'on a du mal à transiger sur certains critères, il est inutile et fort maladroit de le préciser au départ. Mieux vaut avancer sur un terrain d'entente possible que sur un terrain miné par de prétendues incompatibilités.

Donner ses chances à l'autre

Trop de critères non négociables sont des obstacles à la relation. Lorsque l'on formule en préalable à toute relation des «conditions» telles que: «Je ne supporte pas que l'on habite à la campagne, en province» ou «Il est exclu que j'aie une relation avec un fonctionnaire, une enseignante», il est peut-être bon de remettre en question ses capacités d'ouverture. Une demande doit laisser à l'interlocuteur le choix de sa réponse. S'il se sent «disqualifié» dès le départ, parce qu'il habite telle région ou exerce telle profession, inutile d'aller plus loin, la porte est fermée quelle que soit la richesse de sa personnalité.

Il n'y a néanmoins pas de recette miracle. Le fait d'adopter une attitude ouverte ne préjuge en rien de la suite donnée à la première rencontre; cela signifie simplement que l'on se ménage une chance de mieux se connaître et d'explorer chez soi, chez l'autre, toutes les pistes relationnelles.

Cela permet aussi de gérer le mieux possible ses rencontres, d'aller jusqu'au bout de ses capacités pour tenter de créer des relations constructives. Rien n'autorise jamais, au départ, à dire si une relation sera ou non durable ; mais il y a moins de hasard qu'on ne le croit en ce domaine.

Si l'attirance ne se décide pas, la suite peut se gérer.

Négocier

Ce terme est volontairement concret. Pour moi, il signifie le plus clairement possible qu'un homme et une femme qui établissent une relation amoureuse ont constamment à négocier désirs et besoins. La négociation dans le couple, trop souvent négligée par crainte de conflits, est positive, car elle permet de s'accorder si l'on y prête attention et savoir-faire. On devrait apprendre aux petits enfants que se disputer entretient l'amitié.

Le tien, le mien, le nôtre...

Lorsque l'on a clairement établi ce que l'on aime faire, ce que l'on souhaite vivre, le sens que l'on donne à son existence et quelles sont ses valeurs essentielles, une fois que l'on a pris le temps de se connaître, on peut se révéler, se présenter aux autres. On a une présence, une personnalité, des points communs et des différences avec les hommes et les femmes qui nous entourent. On est lucide sur ses atouts et ses lacunes.

Le temps de la séduction, de la lune de miel est celui du rêve. Il est à vivre pleinement… sans oublier la réalité. Vient ensuite la période où le couple refait le compte des points communs. On aime bien dire que l'on se « ressemble ». On est heureux d'affirmer : « Il ou elle aime telle chose, telle musique, comme moi » ; « Nous sommes du même avis sur bien des points. » Ce terrain d'entente, indispensable, se mesure à mon avis davantage dans le vécu, le ressenti, que dans les paroles. L'harmonie se ressent ; être sur la même longueur d'onde se vit dans les moindres détails et dure longtemps.

Prétendre que l'on a les mêmes goûts dès le départ peut signifier… que l'on prend ses désirs pour des réalités. Cela reste à mettre à l'épreuve. Les différences acceptées construisent une relation.

Les capacités à négocier dans un couple peuvent s'exprimer à tout instant. Qu'il s'agisse de fixer l'heure d'un déjeuner, de déterminer la place qu'occupera chacun à table, et surtout de proposer de se revoir. Chacun y va de son souhait ou est prêt à accepter celui de l'autre.

Certains foncent, proposent, dirigent. D'autres acquiescent à toute proposition. Les autres négocient et harmonisent.

Techniques de vente

Certains célibataires mènent une véritable campagne publicitaire. Ils essayent de convaincre, comme le fait un commercial soucieux de décrocher une commande. Avant même d'avoir engagé la relation, ils ont déjà décidé du restaurant où l'on se retrouvera, du jour et de l'heure du rendez-vous. Avec une telle fougue, ils convainquent facilement les indécis, les prêts à tout ou les cœurs aspirateurs. Ils obtiennent des réponses mitigées auprès d'autres proies qui voudraient bien refuser mais n'osent pas. Certains aimeraient connaître mieux ce genre de personnage avant d'accepter la «convocation» et sauront parfois le dire: c'est déjà vouloir négocier et confronter son propre désir à la volonté de l'autre. Les derniers, enfin, osent dire «non», ce qui ne suffit pas toujours à évincer le redoutable stratège.

Autre formule pour exprimer sa proposition et obtenir une acceptation: l'appel à la cantonade. C'est impersonnel et vise à la fois tout le monde et personne. Un tel appel aboutit rarement à un effet, car nul ne se sent concerné. J'observe souvent cela dans mes ateliers. La formule: «Qui veut venir dîner avec tout le groupe?» reste souvent sans écho. On s'adresse ainsi à une entité, un agglomérat qui n'a pas de parole commune. Celui qui procède ainsi a du mal à présenter son désir comme quelque chose qui lui est propre. Sa responsabilité est «couverte» par l'expression d'un désir qui serait celui du groupe. Souvent d'ailleurs, il ajoute: «Ce serait bien, pour le groupe, de se retrouver.»

La formulation est floue, sans personnalité. Dans les deux cas, il n'existe pas de possibilité de négocier. L'autre est considéré comme soumis, manipulable ou inexistant hors du groupe. On ne lui donne pas la place d'où il pourrait dire, librement, oui ou non.

La négociation, c'est le rapport qui s'instaure entre deux personnes voulant traiter d'un acte ou d'un projet. Pour ce faire, il faut que chacune arrive avec un dossier préparé et le présente clairement.

La négociation intervient quand il semble, à l'un ou à l'autre, que la solution à un problème ne fait pas l'unanimité. Elle peut s'avérer nécessaire pour prendre des décisions plus ou moins importantes. À mon avis, il est indispensable de l'utiliser dès que le besoin s'en fait sentir, afin d'éviter des différends plus graves, qui surviendront plus tard. Entre un homme et une femme en début de relation, un désaccord peut advenir, par exemple, pour le choix d'une sortie. L'un a déjà vu le film, ou ne souhaite pas le voir ; il ne s'agit pas de se disputer, ce qui arrive trop souvent et reste stérile, enfantin, mais de trouver une solution qui satisfera les deux parties, quitte à aller voir un autre film. Cela n'empêchera pas le demandeur de regarder « son » film une autre fois.

S'affronter pour s'accorder

Un désaccord signalé à temps trouve toujours une solution, si les personnes concernées souhaitent une relation positive et constructive. S'il y a refus de négocier et désir d'imposer son autorité ou de manipuler l'autre, ce dernier peut le souligner et s'éloigner. La négociation est un acte posé par deux parties qui en connaissent les retentissements favorables. Sinon, il ne s'agit que de rapports de force où l'amour n'a pas sa place.

Voir tel film ou tel autre n'est peut-être pas très important. La façon de négocier ce choix au mieux pour les deux va induire une notion d'authenticité et de reconnaissance. Ce petit exemple permet de signifier que l'on désire vivre une relation de qualité et de vérifier que l'autre est dans les mêmes dispositions.

Pour négocier, il faut connaître ses désirs, ses goûts ; dans une relation qui veut durer, les valeurs, les choix fondamentaux de vie de chacun doivent être clairement définis. Ils seront à négocier sur la durée, au cours de la vie commune. La question de leur bien-fondé se posera à tout moment et de plus en plus souvent. Les couples qui commettent l'erreur de ne pas regarder en face leurs différences sont en proie à des conflits étouffés. Si la pression monte, c'est la guerre froide ou le jeu de massacre.

Je conseille de jouer cartes sur table dès l'apparition d'une différence, d'un différend. C'est assurément un bon entraînement : on apprend ainsi à dire oui ou non sans tricher, sans se cacher les difficultés mais en voulant les dépasser. C'est de bon augure pour la suite. C'est une attitude qu'il faudrait acquérir dès l'enfance.

Reste à dire, à entendre, à être créatif pour trouver les solutions à apporter aux problèmes soulevés.

Oser dire « oui » ou « non », tester ses capacités d'adaptation à l'autre, connaître, pour soi, ce qui est négociable ou non est le préalable à une relation réussie. La mise à plat des besoins et des dires de chacun est un exercice difficile, que l'on n'apprend nulle part. Il est grand temps d'y remédier.

« Oui » et « non » sont peut-être les mots que l'on a le plus de mal à prononcer au sein d'un couple. Savoir les dire à temps donne à chacun sa juste place et permet de trouver un chemin d'harmonie authentique.

La créativité : le sel de l'amour

Nous sommes tous créatifs, quand nous nous en donnons la peine. Au lieu d'engager platement la conversation par un : « Je crois vous avoir déjà rencontré quelque part », on pourrait dire : « Je sais que cela ne se fait pas, mais je serais heureuse de parler avec vous. » Cette phrase, adressée à un inconnu, aura certainement plus de succès que la précédente. Et il y en a d'autres à inventer.

Il en est de même pour choisir le cadre d'un rendez-vous. Certains lieux sont encombrés et bruyants, d'autres, plus romantiques. Il est délicieux de prendre le temps de chercher un lieu de rendez-vous agréable. Cela ne s'improvise pas. C'est la scène sur laquelle se déroulera la rencontre. Quand on ne se connaît pas, on a besoin d'être rassuré par le confort d'un endroit accueillant. Les grands séducteurs et les grandes séductrices ne s'y trompent pas et savent parfaitement organiser leurs rendez-vous. Pourquoi les solitaires en quête d'une vraie relation ne sauraient-ils pas en faire autant?

Si l'on décide de chercher des relations, ou une relation de qualité, rien ne doit être laissé au hasard. Les hommes comme les femmes aiment à être surpris... agréablement. On a le droit d'innover, dans les paroles, les actes, les écrits. On peut, pourquoi pas? dessiner, plutôt que d'écrire une lettre d'amour. Il est même possible d'enregistrer déclarations enflammées, chansons ou poèmes pour surprendre et séduire l'être aimé.

L'originalité, mêlée d'un brin de romantisme et d'humour, provoque toujours une réaction. Les célibataires ont intérêt à cultiver ce don, seuls ou entre amis: répertorier les petites phrases d'entrée en matière peut être prétexte à une excellente soirée. On peut aussi s'appliquer à rédiger des petits mots tendres: rappelons que le téléphone ne peut remplacer l'écriture, mais que, toutefois, avec un répondeur, bien des possibilités sont offertes à qui fait preuve d'imagination.

L'idéal serait de rester créatif pour la vie et pas seulement les premiers temps d'une relation. Déshabillés coquins, projets de week-ends impromptus, petits mots doux glissés sous les miroirs: autant de façons de se faire plaisir mutuellement.

Et pourquoi ne pas s'offrir des cadeaux inattendus en dehors des anniversaires? On a le droit de faire la fête pour la fête; c'est une excellente façon d'être bien ensemble, de rire et de poursuivre les agapes... sous la couette.

Le droit au plaisir

Heureux ceux qui ont des parents qui apprécient le plaisir, car c'est bien souvent une maladie héréditaire. La capacité d'éprouver du plaisir va de pair avec celle permettant d'assumer la frustration. Il est des personnes qui butent sur les déconvenues les plus minimes: un changement d'horaire, une sortie annulée, la mauvaise humeur s'installe et tout l'entourage en souffre. Il en est d'autres, dans les mêmes circonstances, qui trouvent aussitôt le moyen de compenser: une réjouissance annulée va leur fournir une idée pour se donner du bon temps. On a, ou non, le goût du plaisir. L'entretenir est un art.

De l'essentiel à l'accessoire

Dans toute période difficile, il est bon de savoir faire la part de l'essentiel et du dérisoire. Il n'y a que la mort qui soit un malheur définitif… et d'aucuns prétendent que non. Ramener les événements à leur juste place est un exercice à pratiquer quotidiennement. Savoir préserver des moments de bien-être dans les situations les plus difficiles est une garantie de joie de vivre. À une époque de stress, sachons nous économiser et répartir nos énergies. Il y a des choses qui peuvent attendre; peu d'actes de la vie sont véritablement urgents. Certains de nos contemporains courent continuellement, souvent sans savoir ce qui les pousse ainsi à toujours se presser. Ils agissent sous la pression de «mécanismes» dont ils ne peuvent plus se défaire.

Ne pas savoir regarder les choses, les événements, sous leur aspect positif et amusant, voire dérisoire, est dommageable pour une relation. Beaucoup de malentendus causés par la méfiance et la mauvaise humeur seraient dissipés avec un sourire, un clin d'œil, quelques mots d'humour. Cela demande parfois un gros effort; mais le revirement de situation qui s'ensuit amène une détente telle que ça vaut la peine d'essayer.

L'humour est un état d'esprit. Le rire, le sourire, l'humour n'ont pas d'âge; ce ne sont pas les plus malheureux qui en sont les plus dépourvus. J'ai pu remarquer que les personnes ayant vécu de graves épreuves savent souvent, mieux que les autres, semer de fleurs le bord des chemins difficiles.

Le plaisir concerne aussi le corps. Il est toujours temps d'apprendre l'épicurisme. S'efforcer d'utiliser et de développer tous ses sens est une saine façon d'occuper ses loisirs. La dégustation de petits plats et de bons vins, la danse (qui peut être un prélude au plaisir sexuel), le fait d'apprécier la douceur d'une texture, le parfum d'une fleur ou le toucher d'une peau sont autant d'occasions d'aiguiser ses perceptions.

Tricher n'est pas aimer

Pas de plaisir sexuel sans plaisir de tous les sens. L'acte d'amour est une fête. Si l'on n'en est pas convaincu, mieux vaut rester chaste.

Certains hommes prétendent que les femmes feignent parfois la jouissance en amour. Il est vrai que, du côté masculin, le désir ne se «joue» pas. Pour tout homme attentif, le désir féminin a aussi une façon concrète de s'exprimer.

Il est vrai qu'il est des femmes frigides. Elles semblent pouvoir aimer un homme sans le désirer. Mieux vaudrait dans ce cas rester bons camarades plutôt que de feindre un plaisir que l'on ne ressent pas. La majorité des difficultés sexuelles sont d'ordre relationnel et non organique.

Certaines femmes peuvent être «diaboliques» et mimer un plaisir qu'elles ne ressentent nullement. Elles pensent ainsi combler leur partenaire et surtout le retenir. Plutôt que de s'obstiner dans ce comportement qui n'est satisfaisant pour personne, elles auraient tout intérêt à consulter un spécialiste. Une prise en charge psychothérapeutique permet, dans bien des cas, de résoudre ce genre de problèmes. Car vivre sans jouir, quelle tristesse!

Un homme qui se croit autorisé à insister dans son objectif intime, alors que la femme n'y est pas physiquement prête, doit savoir à quoi s'attendre: sans désir, peu ou pas de plaisir.

Charité bien ordonnée...

Je propose à ceux qui me lisent de se faire un «cahier Père Noël» dans lequel ils noteront tous les cadeaux et plaisirs qu'ils aimeraient pouvoir s'offrir. Si un ami demande: «Que pourrais-je t'offrir pour ta fête?», il suffira d'ouvrir le cahier. Et si les étrennes sont peu généreuses, on a la ressource de se faire à soi-même plusieurs cadeaux. Il faut beaucoup d'imagination, un peu de délire et surtout le goût du plaisir pour remplir ce cahier. Le fait d'être généreux pour soi permet de se faire bonne vie et bonne humeur. C'est, somme toute, une façon de s'aimer. Quant au plaisir sensuel et sexuel, ne le laissez pas passer : c'est le plus beau des cadeaux.

Il me semble nécessaire de rappeler les leçons de biologie sur les cinq sens et d'en ajouter au moins un. Je me demande si l'on exploite au maximum ses capacités de voir, d'écouter, de toucher, de sentir et de goûter.

Féminisme et érotisme

Comment se fait-il que tout ait été dit sur le corps féminin par des poètes, des peintres et des sculpteurs masculins, alors que très peu de femmes artistes ont été inspirées par le corps des hommes ? Les photos de nus masculins que l'on admire sont bien souvent l'œuvre d'artistes homosexuels.

Le féminisme, qui est censé avoir libéré les femmes, aurait-il respecté là une sorte de tabou ? Les femmes ne seraient-elles pas émues devant la représentation d'un corps masculin ? Là aussi, les cinq sens méritent d'être réquisitionnés. Les hommes nous attendent sur ce terrain-là et sont à l'affût de notre langage érotique au creux du lit.

Trouver la juste distance

« De trop près, on s'étouffe ; de trop loin, on ne s'entend plus. » À chacun de connaître à quelle distance l'autre doit se situer. Le cas le plus classique est celui de la belle-mère qui appelle son fils plusieurs fois par semaine (ou par jour). Courteline et bien d'autres ont su en faire des vaudevilles. Cela tourne parfois au drame (au sens de la comédie dramatique).

La traque

La juste distance a cela de bon qu'elle s'évalue concrètement. Les cœurs aspirateurs sont avides de proximité et de rendez-vous multiples. Les cœurs blindés, quant à eux, sont impossibles à joindre. Lorsque ces deux espèces se rencontrent, des problèmes de territoire se posent.

La juste distance est un facteur primordial dans la relation. Chacun en a sa définition et les deux partenaires doivent harmoniser leur mètre étalon. Si l'on ne prend pas garde à cette dimension, les discordances sont souvent brusques et inattendues. Ainsi, une femme appelant un homme qui lui plaît affrontera inlassablement son répondeur. Le téléphone est très utile mais n'instaure pas, en cette occasion, une véritable communication. La dame laissera maints messages implorant le « vil séducteur » de la rappeler. Si, lassé de ces perpétuelles sollicitations, le monsieur répond, il va affronter le pire et sera obligé de formuler la fin de non-recevoir dont le dispensait jusque-là le répondeur.

La distance est enfin établie, mais le monsieur, las d'être harcelé, a dépensé beaucoup d'énergie en fuyant, puis en contre-attaquant. Il est, de plus, souvent rattrapé par la culpabilité, tant il est difficile de repousser quelqu'un qui, de prime abord, vous veut du bien !

Certaines dames s'acharnent sans aucun discernement sur l'homme dont elles ont parfois décidé (toute seule) que c'était celui de leur vie. Elles affrontent un mur, un obstacle infranchissable, et vont faire face à un rejet sans appel quand elles auront acculé le monsieur à leur répondre. Que de temps et d'énergie perdus de part et d'autre !

Qui est gagnant ? Personne, et surtout pas la relation. Dans un couple véritable, il n'y a ni perdant ni gagnant : il y a la victoire commune de deux individus qui ont su « s'aimer intelligemment ». On ne force pas la porte de l'autre tant qu'il ne veut pas ou ne peut pas l'ouvrir.

Laisser sa porte ouverte à tout vent est également un comportement négatif ; les jardins les plus beaux sont souvent cachés, protégés. Un lieu « public » n'est guère propice aux confidences en confiance ni à l'intimité des âmes.

Entre ces deux comportements, il y a un équilibre à établir. La bonne distance sera celle qui satisfera les deux partenaires et les mettra, sans danger, en état de communiquer.

Une question d'équilibre

L'urgence est mauvaise conseillère ; prendre le temps de connaître les rythmes (notamment des rencontres) et les limites de l'autre est facteur de bonne entente, quels que soient le mode de relation et les sentiments à venir.

Il est dommage qu'en relation préamoureuse on ait souvent du mal à respecter l'autre en privilégiant ses propres exigences relationnelles. L'amitié est moins contraignante.

La quantité de temps passé ensemble a beaucoup moins d'importance que la qualité des moments. Celui ou celle qui aura accepté un rendez-vous sous la pression de l'autre, et non poussé par son propre désir, ne sera pas dans un état d'esprit ouvert lors de la prise de contact. On a tort, bien souvent, de ne pas tenir compte de cette évidence. *A posteriori*, on constate parfois, lors de conflits, que si l'on n'avait pas « forcé » le rendez-vous, tout se serait sans doute mieux passé.

Lorsque l'on parle de juste distance, il est à la fois question de territoire et de désir. Chaque élément du couple détermine ces facteurs selon ce qu'il est ; il est rare qu'ils soient similaires chez les deux partenaires. Ils s'harmonisent ou non. À chacun de savoir, en jaugeant le temps, l'espace et le rythme, si la relation mérite d'être poursuivie.

Chacun a une place dans ce monde pour bouger, vibrer, évoluer, progresser.

Un homme et une femme destinés à s'entendre trouveront un espace personnel et des « pièces communes » pour s'aimer sans entamer l'identité de l'autre. Cela se prépare, au début de la relation, et ne s'improvise pas dans un vacarme de portes claquées.

Chapitre 12
Affronter la déception

Il faut bien en parler, de la déception, car quiconque envisage de prendre des risques s'expose à commettre des erreurs. Par conséquent, on doit apprendre à gérer les déconvenues, les débandades et les déroutes en tout genre.

Je veux évoquer ici la déception-découragement que ressentent beaucoup de célibataires. Ils et elles ont essayé de sortir de leur isolement, se sont investis dans des rencontres, ont parfois contacté des clubs de loisirs, voire des agences de rencontre. Mais le constat qu'ils dressent après tous ces efforts est plutôt pessimiste.

Ces rencontres difficiles amènent hommes et femmes à généraliser. Il leur suffit de trois ou quatre déconvenues pour prétendre qu'aucun homme n'est intéressant ou que les femmes sont trop difficiles. Le cercle infernal est dès lors tracé : inutile de chercher, puisque les choses se déroulent toujours de la même manière, sans espoir de changement.

Lors d'une première rencontre, ces déceptions portent :

- sur l'apparence physique (lorsqu'il s'agit de petites annonces ou d'agences de rencontre) ;
- sur la stérilité des discours ;
- sur des centres d'intérêt différents ;
- sur un comportement dit « machiste », autoritaire ;
- sur les discours déterminés de certaines femmes (aspect féminin du machisme).

NE JAMAIS SE DÉCOURAGER

Quand on se dit déçu, en fait, on reproche surtout à l'autre de ne pas avoir suscité en nous l'envie de tomber amoureux (ou amoureuse).

Si le miracle a lieu, peu importent le tour de taille de la dame ou les pectoraux du monsieur. En fait, on veut expliquer de manière rationnelle pourquoi on n'a pas été séduit. On cherche de bonnes raisons de rendre l'autre responsable de l'échec au lieu de relativiser l'enjeu et de réfléchir à ses choix.

Si l'on avait discerné à temps, au téléphone ou à la lecture d'une lettre, le charme « très relatif » de la personne en question, ses centres d'intérêt médiocres et son comportement autoritaire, on ne serait pas allé au rendez-vous. Ces aléas sont perceptibles avant la première rencontre. La chaleur d'une voix, la séduction par téléphone existent. À chacun de rester sur la réserve et de garder la tête froide tant qu'il n'a pas vu le personnage de près ; l'impact négatif de la réalité est proportionnel à l'ampleur de l'illusion et des attentes imaginaires.

À chaque déception, la « stratégie » est à réexaminer. La façon dont la rencontre a été négociée est directement en cause. Une fois de plus, il s'agit de balayer devant sa porte pour accueillir l'autre dans les meilleures conditions.

La majorité de mes « déçus » ont vécu des rencontres de très courte durée, qu'ils ont souvent eu du mal à provoquer. Si le coup de foudre n'est pas au rendez-vous, l'autre en supporte tous les torts et, par ricochet, ses semblables (tous les hommes, toutes les femmes).

UN ENTRAÎNEMENT NÉCESSAIRE

Pour accepter et bien vivre (ou presque) les déceptions, il faut là aussi s'entraîner. Beaucoup d'hommes et de femmes de tout âge ne rencontrent des inconnus que très rarement. Leur environnement est, dans le meilleur des cas, composé de vieux amis, de relations datant parfois de leur ancien couple. Ils déjeunent à midi au restaurant de l'entreprise et rentrent directement chez eux le soir : boulot-dodo-solo.

Un jour, à bout de solitude, ils répondent à une annonce ou acceptent une invitation imprévue. Pour un ou une sauvage, la rencontre à deux est périlleuse. Je propose à ces isolés de provoquer des rencontres plus faciles au départ : déjeuners, apéritifs, bavardages au café ou chez soi avec quelque personne sympathique de leur entourage. Ces brèves rencontres sont d'autant plus faciles à proposer qu'elles ne touchent en rien la vie affective. Une collègue de bureau, le ou la voisine de palier, le cousin éloigné, tout contact simple est à provoquer. Les célibataires auraient moins peur les uns des autres, ils seraient moins inquiets avant un rendez-vous si le dialogue leur était habituel.

Car, dégagée de son aspect exceptionnel, la rencontre de l'autre devient chose aisée. S'exprimer, échanger ne présente en ce cas aucun danger mais permet d'apprendre à communiquer.

Cet apprentissage s'effectue sur le tas. Pour accepter une déception, il convient de ne pas placer tous ses espoirs dans une seule rencontre. On a vu que donner à l'autre, *a priori*, une place déterminante et vitale est un comportement d'échec, à court ou moyen terme.

LUNE DE MIEL, LUNE DE FIEL

Toute différente est la déception qui survient dans un second temps. Après la lune de miel, durant laquelle chacun joue son meilleur rôle avec des lunettes magiques faisant voir la vie en rose, arrive la première épreuve. Il en faut parfois très peu ; cette étape déterminante se situe généralement entre deux et trois mois de relation. Peu d'hommes et de femmes persistent dans le mirage au-delà de ce délai. Le mirage disparaît. Reste à construire une réalité ou à fuir.

Plus l'effort de séduction aura été important, plus le regard lucide sera cruel. Il peut s'agir d'un simple détail d'apparence : tel costume de lin froissé, superbement à la mode, va devenir subitement « infâme veston crasseux » ; une voix ténébreuse et enchanteresse va se muer la nuit en ronflement sonore.

Ce cap détermine la profondeur de la relation qui s'instaure. La construction d'un couple est fonction des épreuves qu'il traverse avec succès. L'étape de la séduction est la première. Or, il n'y a guère de relation sans séduction au départ. Il s'agit de plaire, d'attirer l'autre parce que l'on est attiré soi-même. Le plus sage est de rester simple. Si l'on emballe la marchandise dans un papier cadeau trop somptueux, le déballage risque d'être décevant.

La réussite de ce passage délicat dépend de la capacité de chacun à mettre en sourdine son besoin de plaire au profit du désir de durer ensemble. Vouloir plaire renvoie au désir d'être aimé et non à la capacité d'aimer. Si les deux aspirations ne s'équilibrent pas, les dons et les apports, les exigences et les demandes, tout sera inégal, instaurant un rapport dominant-dominé entre celui qui donne et celui qui ne sait que recevoir.

À chacun d'observer chez l'autre en quoi consiste la séduction. S'il s'agit d'un effet de narcissisme supportable, il n'y a pas de raison de s'inquiéter. En revanche, si une personne exclusive s'adresse à un séducteur en quête continuelle de reconnaissance affective, elle souffrira d'autant plus que l'investissement de ses sentiments est profond et rapide.

Nombreux sont les hommes et les femmes qui traînent de lourdes déceptions. Pourtant, quand on sait que tomber amoureux est rare et imprévisible, quand on sait que durer en couple est réservé à ceux qui ne bâclent pas, pourquoi parler de déception ? Tout le monde a droit à l'erreur et beaucoup de relations avortées ne sont que des erreurs d'aiguillage.

POUR TOMBER DE MOINS HAUT

Voici quelques principes élémentaires dont tout célibataire en quête d'amour devrait s'imprégner pour ne pas accumuler les déceptions :

- essayer de déboulonner la statue de l'homme idéal ou de la femme idéale. Tant que ce dieu et cette déesse sont censés venir tout combler, la rencontre avec la réalité ne peut être que décevante;
- accepter d'être aimé comme l'autre en a envie et non en lui imposant une certaine façon d'aimer. Les hommes et les femmes n'expriment pas leurs sentiments de la même façon;
- être sûr qu'on souhaite le bonheur de l'autre, sans en être l'unique source.

Savoir que:

- l'échec amoureux n'est pas une fatalité. Chercher ce qui a pu enrayer le mécanisme est une bonne façon de faire mieux la prochaine fois;
- la nouvelle relation doit être déconnectée des souvenirs anciens. Le partenaire est tout neuf, il convient de le considérer comme un modèle original. Une histoire d'amour ne peut en aucun cas avoir pour but d'effacer un échec passé;
- l'urgence est mauvaise conseillère. Vouloir tout, tout de suite conduit droit à l'échec;
- il est difficile, en amour, de rétrograder. Prendre le temps de construire, passer les vitesses avec calme semble plus efficace;
- le fait de décevoir quelqu'un n'est pas un acte volontaire. Il n'y a d'ailleurs pas de terme pour nommer celui qui a déçu l'autre. Évitons de reprocher à autrui de ne pas être à la hauteur de nos rêves;
- des personnes de qualité peuvent se décevoir mutuellement. Une déconvenue ne remet pas en question la valeur des individus;
- on n'est déçu que par… soi-même, du fait de ses rêves, de ses fantasmes et de ses erreurs. C'est peut-être le plus difficile à assumer, mais cela permet de rectifier le sens et l'orientation de ses prochaines tentatives.

RENONCER OU CONNAÎTRE LA SUITE ?

La faculté d'entretenir une relation est directement liée à la faculté de négocier. Une relation se révèle solide lorsque les épreuves sont bien traversées par les deux partenaires. Il ne s'agit ni de tout accepter ni de se soumettre aux désirs de l'autre. Trop de gens l'ont fait et on sait ce que cela leur a coûté.

Dans les premiers temps de la relation, certains apprentis amoureux sont tentés de laisser tomber. Ceux qui renoncent vite :

- ne sont pas vraiment amoureux ; c'est le moment de s'en apercevoir ;
- manquent de confiance en eux et en l'autre : la première difficulté est pour eux l'occasion de se défiler. Ils n'y croient pas et saisissent l'opportunité pour justifier leur fuite ;
- ne souhaitent pas vraiment établir une relation durable. Ils ont besoin d'errer encore un peu avant de se mobiliser pour un parcours de fond ;
- sont trop pressés. Ils ne respectent pas le rythme de l'autre et brûlent les étapes alors que leur partenaire est à la case départ. Pas de marche possible côte à côte. La durée implique de marcher au même pas.

Je propose à ceux qui sont sur le point de lâcher prise de ne pas le faire dans l'urgence ! Toute histoire a besoin d'aller jusqu'au bout pour qu'on puisse éviter les regrets et élaborer le bilan des aspects positifs et négatifs de la relation.

Conclusion

Pour moi, aimer signifie : avoir confiance (en soi et en l'autre) ; éprouver une attirance physique pour son partenaire, le désirer, partager avec lui les plaisirs ; être ouvert à l'autre et prêt à lui donner autant que l'on reçoit ; accepter ses différences, avoir envie qu'il soit heureux. Reste à y croire, reste à chercher…

Il y a longtemps, au début de ma vie en soliste, j'ai écrit un poème. Je vous le livre ici, en guise de conclusion.

Aime-moi libre
Oui, un jour viendra où je serai entière
Où je n'aurai plus froid
Où j'aurai du courage
Le courage d'en rire
Le courage d'aimer
Et l'amour sera joie
Et ne sera plus liens
Il n'y aura que partage, les chaînes tomberont
Ivres, libres nous serons, nos regards seront vrais
Nos mains se donneront, plus jamais prisonnières
Plus jamais étouffées
Sensuels pour chacun et chacun pour nous deux
Heureux de nous sentir et bouger et vibrer
Nous acceptant enfin dans nos vraies plénitudes
En apprenant comment savourer en duo
La liberté du cœur

Petit glossaire amoureux

Soyons clairs.

Dans ce monde de désordre amoureux, les comportements et les sentiments s'enchevêtrent parfois dans un flou, un non-dit ou un mal-dit. Je me suis appliquée à donner ici mes propres définitions aux mots qui rendent compte de nos rapports sentimentaux. Ce petit glossaire ne se prétend nullement exhaustif; je vous encourage à préciser, pour vous et vos interlocuteurs intimes, les termes de votre vocabulaire amoureux.

Affectif: ce domaine n'est pas seulement celui du bien-être. Dans la sphère affective de l'autre, tout n'est pas bon à prendre. Attention à celui qui veut absolument offrir à son partenaire ce qu'il croit bon pour lui, alors qu'il n'en est rien: c'est, à sa manière, un tyran.

Apports: on entend, hélas! plus souvent prononcer les mots attentes ou besoins. Si les hommes et les femmes continuent d'espérer ou même d'exiger trop d'un partenaire, il y aura, comme en temps de crise de l'emploi, plus de demandes que d'offres et beaucoup de cœurs au chômage.

Attirance: la personne entrevue revient souvent en mémoire. Une envie irrépressible de la revoir se fait sentir. On peut être troublé par différents facteurs, d'ordre intellectuel, affectif, physique. Si l'on a du mal à repérer la nature de l'attirance, il est urgent de se demander si l'on n'est pas déjà amoureux.

Authenticité: quand on est authentique, on se sent bien. On trouve le juste mot pour exprimer ce que l'on ressent. L'authenticité s'apprend. La première règle consiste à dire «je» au lieu de «on» et à s'adresser directement, en le regardant en face, à son interlocuteur.

Autonomie: capacité d'utiliser le maximum de ses propres ressources, la faculté de vivre sur ses richesses personnelles, sans déranger ni solliciter les autres. À ne pas confondre avec l'égoïsme, qui induit exigence et soumission de l'autre. La personne autonome apprécie la compagnie des autres. Elle leur apporte autant qu'elle pourrait leur demander. C'est la condition essentielle d'une relation équilibrée, sans rapports dominant-dominé.

Besoins: le besoin irrépressible d'être aimé, protégé, peut dans certains cas prendre des dimensions pathologiques. Il existe des intoxiqués de la relation, comme il existe des intoxiqués de la bouteille. Ce genre de toxicomanie coûte très cher lors des divorces, puisqu'il s'agit de sevrer l'intoxiqué de sa drogue.

Confiance: indispensable à toute relation digne de ce nom. La confiance ne se dit pas, ne se déclare pas, elle se ressent, elle se vit, elle fait ses preuves. En amitié, on lui laisse le temps de se mettre en place. En amour, on la voudrait présente dès la première rencontre. C'est une grande source de malentendus. On oublie souvent que, pour inspirer confiance, il faut d'abord se faire confiance à soi-même.

Déceptions: à la mesure des attentes et cruellement ressenties par les idéalistes et les rêveurs. Pour éviter les déceptions, il suffit de regarder l'être idéalisé tel qu'il est et non tel qu'on voudrait qu'il soit. Et perdre des illusions ne signifie pas se départir de tout romantisme.

Dépendance: les relations basées sur la dépendance prennent une forme diamétralement opposée à ce que devrait être une relation d'amour. La dépendance n'est pas un sentiment épanouissant mais un lien oppressant. Le rêve de ne faire qu'un, s'il est vécu dans la réalité comme une nécessité, va à l'encontre de l'autonomie de chaque individu et donc de sa maturité. Par besoin exacerbé d'amour, certains individus acceptent de nier une partie d'eux-mêmes pour correspondre à une image idéale forgée par l'autre. L'adhésion totale aux exigences du partenaire mène à l'amour passion romantique, avec la souffrance qui en découle. Nier sa propre identité ne peut conduire à une relation basée sur la générosité et la confiance. Dès le départ, les jeux sont faussés. La dépendance en amour est directement liée au besoin de sécurité affective et non à la capacité de donner (*voir* **Confiance**).

Désir: n'ayez pas peur de vos désirs, ne les enfouissez pas au fond de vous-même, n'hésitez pas à les exprimer et donnez-leur toutes les chances de se réaliser. Le désir est un moteur sans lequel toute action est impossible, toute sensation est sans intérêt.

Dialogue: a pour but d'échanger verbalement des pensées et d'aider à la résolution d'un conflit. Il est des faux dialogues: ce sont des bavardages. Il est des dialogues inutiles: le regard suffit (c'est une autre forme de communication, la complicité non verbale).

Différences: la relation amoureuse a tendance à vouloir les gommer. Il est tellement plus facile de vivre avec son double. Le véritable amour, s'il existe, passe par la reconnaissance de l'autre tel qu'il est, et non tel qu'on voudrait qu'il soit. Chaque être est unique, il a donc le droit élémentaire d'être différent. Il est indispensable, pour les partenaires d'un couple, d'évaluer dès que possible leurs différences au lieu de se complaire à compter leurs affinités (vraies ou supposées).

Durée : ce n'est pas une valeur en soi. Il n'y a pas lieu de se féliciter d'avoir « tenu » en couple dix ans plutôt que six mois. La qualité d'une relation n'a rien à voir avec sa longueur. Il est des noces d'argent qui ne réjouissent que les invités. La durée est un piège social. Soumis au regard des autres, le couple durable répond souvent à des injonctions morales et religieuses, valeurs sécurisantes car normatives. Est-ce vraiment satisfaisant d'être conforme ? Durée et cohabitation suffisent-elles pour réussir un couple ?

Écoute : atout prioritaire dans la relation. Celui qui sait écouter n'a pas seulement une bonne oreille ; il entend, il sent, il est intuitif. On lui fait confiance et il suscite les confidences. Il est tolérant et ne porte pas de jugements sur autrui. Il permet à celui qui parle d'être authentique. L'écoute est liée aux sensations ; elle va au-delà des mots. Cette faculté s'apprend et s'entretient.

Égoïsme : on en taxe souvent un peu vite les célibataires. Il est des égoïsmes salutaires : savoir se faire plaisir en fait partie. Il est des égoïsmes destructeurs : exiger tout des autres. Certains mariages n'ont pour but que de satisfaire l'égoïsme des partenaires du couple. L'égoïste positif est épanoui ; il irradie de joie de vivre et réconforte les autres lorsqu'il les rencontre. L'égoïste négatif est renfermé, replié sur lui-même. Soyons ensemble des égoïstes heureux.

Émotion : chaleur, vibration, l'émotion est imprévisible, agréable et inquiétante, surtout à l'idée que l'autre va percevoir ce que l'on ressent. Cette sensation trouble d'autant plus qu'elle est partagée. C'est un état réciproque de disponibilité, des ondes qui passent, un souffle entre deux âmes. Peut-être l'amorce d'une relation. À suivre, sans dramatiser ni rêver.

Engagement : terme qui recouvre rarement la même acception pour les deux partenaires, d'où le fait qu'il est source de malentendus.

On se sent engagé, l'autre n'en sait rien et n'est pas forcément dans le même état d'esprit. Le véritable engagement s'exprime et est réciproque ; jusque-là, rien n'est dit, rien n'est promis. Pour certains, il prend racine au lit ; pour d'autres, lors du premier voyage à deux. Attention : il est encore des cœurs qui signent un contrat tacite au premier baiser. Entre adultes pourvus de toutes leurs facultés, l'engagement confirme aux yeux du monde qu'un couple souhaite établir une relation durable. Il peut alors être contractuel devant le maire, le prêtre et deux témoins.

Érotisme : prématuré d'y songer lors d'une première rencontre, encore que… On a l'érotisme qu'on peut, et il est amusant de voir que ce qui est pornographique pour certains est érotique pour d'autres. En fait, la pornographie commence là où les faces se voilent pudiquement et elle varie avec les individus. L'érotisme aujourd'hui n'est plus réservé aux collectionneurs de brochures libertines ou aux femmes légères. Le degré d'audace de chacun et les limites qu'il pose sont personnels et secrets. Mieux vaut découvrir ensemble un vocabulaire amoureux tissé surtout de caresses.

Fête : on ne la fait jamais assez ! Le rire et l'amour ne sont pas toujours liés. Et pourtant, que de complicité dans les fous rires. Un repas d'amoureux devrait toujours être une fête. Sa préparation doit faire l'objet de soins particuliers : musique, décor, présentation des plats, rien n'est à négliger pour une fête à deux. Et si quelques déceptions viennent obscurcir l'horizon, pourquoi ne pas réunir amis et amies pour compatir gaiement autour d'un plat ?

Générosité : façon de regarder vivre l'autre avec plaisir, sans prétendre lui imposer quoi que ce soit, en respectant ses paroles et ses actes. Être généreux en amour, c'est encourager son partenaire à trouver ses propres sources d'épanouissement.

Gérer : peut sembler incongru dans le vocabulaire amoureux. C'est instaurer une relation, puis suivre pas à pas, avec précaution, l'évolution du parcours sentimental. C'est essayer d'éviter les maladresses, ne pas retomber dans les pièges du passé, c'est voir venir les nuages et les dissiper. Cela implique que l'on prenne en main sa vie privée avec vigilance et que l'on apporte les soins nécessaires à la naissance et à la croissance des émotions, des sensations, puis des sentiments.

Humour : rime rarement avec amour, hélas ! Que de conflits seraient évités si l'un des partenaires savait relativiser un malentendu et en rire. Que de commentaires pourraient être formulés avec le sourire. L'humour, c'est le clin d'œil que l'on s'adresse à soi-même et à ses petites misères. Faute de quoi, chaque difficulté peut prendre des dimensions dramatiques. Attention : l'humour non partagé tombe « à plat ». Il faut savoir aussi que certaines personnes débordantes d'humour en public se révèlent de tristes sires à domicile.

Induction : de par son attitude, on induit jusqu'à 80 % le comportement des personnes que l'on côtoie. Chacun, chacune émet des signaux spécifiques en fonction de son histoire et de sa culture. Verbaux ou non verbaux, ils sont autant de feux verts ou rouges pour l'autre. Les gestes, les mimiques et la façon de se vêtir donnent des indications avant même que l'on prenne la parole. Malheureusement, ces signes sont parfois en contradiction avec la personnalité de l'individu. Lors d'une rencontre amoureuse, il est bon de savoir que des problèmes professionnels rencontrés dans la journée peuvent transparaître sur un visage et ne pas inciter l'autre à pousser plus loin la relation. En revanche, un visage serein encouragera l'interlocuteur à se confier.

Instant : vivre l'instant est un don ; les enfants savent le cultiver. Les adultes ont pris la mauvaise habitude de prévoir, de faire des projets, d'être dans le passé ou le futur, de s'évader du temps présent et d'en perdre ainsi le meilleur. L'homme me semble plus doué pour savourer l'instant que la femme. Certaines ont du mal à faire l'amour avec un nouvel amant sans se demander quand elles vont le revoir. Cela ne peut que gâcher le plaisir du moment. Si le bonheur n'est pas le lot de tous, sachons au moins vivre les bonnes heures au présent.

Intuition: pas uniquement féminine. Il est dommage que l'on ne fasse pas davantage confiance à cette petite voix intérieure qui nous indique ce qui est bon pour nous. Il existe des exercices pour développer l'intuition et suivre ses pistes. L'amour est aveugle; on dirait que certains, attirés par un partenaire éventuel, perdent toutes leurs capacités instinctives de discernement. Plus tard, on les entend s'exprimer ainsi: «J'avais bien senti, dès le premier regard, que ce n'était pas vraiment quelqu'un pour moi.» Que de malentendus seraient évités si l'on voulait faire confiance à ce très précieux sixième sens.

Plaisir: est-il vraiment nécessaire de préciser ce que ce terme signifie? Je crains que oui. Dès que l'on aborde le domaine des relations sentimentales, on prend souvent un air grave. Le féminisme l'a cruellement ignoré et le judéo-christianisme avait déjà bien miné le terrain. Il est courant et admis d'apprécier les plaisirs de la table; on entend moins souvent les gens faire état du plaisir de faire l'amour. La prétendue libéralisation des mœurs a fait bien peu pour réhabiliter ce terme. Le plaisir que l'on prend à deux, dans tous les domaines, est le fondement d'une relation réussie. Le plaisir sexuel en est l'indispensable clé de voûte.

Réalité: il est indispensable d'y revenir souvent, surtout au début d'une relation. Sinon, elle rattrape les rêveurs et ne leur fait guère de cadeaux. Chacun a sa réalité, ce qui ne simplifie rien. En amour, elle pourrait être définie comme le négatif d'une photographie dont le rêve serait le positif. L'un ne va pas sans l'autre. Les temps à deux favorisent le rêve, le retour à la solitude devrait raviver la réalité. Un temps pour les émotions, un temps pour la prise de distance; c'est la gymnastique du cœur. C'est peut-être aussi le savoir-aimer intelligent.

Rupture: d'où vient ce terme violent? J'imagine qu'il a été inventé par une société préoccupée du maintien forcé des unions en perdition. Il n'y a point de rupture: il y a des situations qui évoluent et des individus en marche. La vie est mouvement, et chacun avance à son rythme. Quand les unions basées sur la confiance et la générosité arrivent à leur fin, chacun reprend sa partition; les voix sont toujours aussi belles. Les portes qui claquent et les injures sont le fait d'hommes et de femmes qui n'ont pas dit à temps leur différence, ni écouté celle de l'autre. L'amour illusion est aveugle, la vie quotidienne ouvre les yeux. Les couples réagissent d'autant plus fort que cette réalité est insupportable: elle surgit pour tuer l'image idéale.

Rythmes: dès le début d'une relation, certains voudraient se voir tous les jours, alors que d'autres sont ravis de se ménager des soirées de «vacances». L'intensité des sentiments n'a rien à voir avec le rythme des rencontres. Comme un orchestre qui s'accorde, un couple se doit de trouver le *la* et d'harmoniser ses rythmes.

Séduction: ce qui fait que des hommes et des femmes ne construisent pas que des relations d'amitié mais aussi d'intimité. Séduire ou être séduit en situation amoureuse est fondamental. Il se trouve pourtant que l'effet de la séduction est en partie responsable de la non-authenticité des relations. Pour séduire, on se présente à l'autre au mieux de sa forme. On fait tout pour correspondre à l'image idéale qu'il s'est forgée. L'objectif est souvent immédiat: c'est l'étreinte amoureuse. L'écoute de l'autre en est faussée. On cherche avant tout à le prendre dans ses filets, à le rendre disponible à ses désirs. Les femmes savent aussi ensorceler les hommes et les mettre à leur merci.

À dissocier: séducteur(trice) et séduisant(e). Le premier agit avec préméditation et selon une stratégie; il utilise son potentiel physique et intellectuel pour accaparer l'attention de l'autre. Le second a simplement du charme, de la présence; il intéresse son entourage, quels que soient son âge et son sexe. Il est intéressant et désintéressé. Ces termes méritent d'être précisés, car je vois trop de Pénélope aux prises avec des dons Juans. Ceux-ci savent mieux «parler aux femmes» que d'autres, mais la sérénade risque de tourner court.

Sensualité: capacités de chacun à savoir jouir de ses cinq sens. Ce terme se trouve trop souvent réduit à son aspect sexuel. Être sensuel est signe de vitalité. Le toucher, le goût, l'odorat, la vue, l'ouïe, tous les sens procurent des plaisirs intenses pour peu que l'on sache les aiguiser. Ils sont à la quintessence de leurs possibilités dans une relation sexuelle réussie. La demande des hommes dans les petites annonces est importante à ce sujet. Celle des femmes est plus discrète. Il semble que le féminisme n'ait pas levé tous les tabous.

Sentiments: restons vigilants en ce qui concerne nos sentiments. C'est ce que nous avons de plus personnel, notre jardin secret. Ne galvaudons pas ce terme et n'exprimons nos sentiments que lorsqu'ils sont bien réels.

Bibliographie

Badinter, E., *X Y, de l'identité masculine*, Éditions Odile Jacob, 1992.

Bercoff, A., *Le parti d'en jouir*, Éditions des Belles Lettres, 1992.

Boisvert, J.-M. et M. Beaudry, *S'affirmer et communiquer*, Éditions de l'Homme, 1980.

Carrière, J.-C. et P. Etaix, *Les mots et les choses: le grand livre des petits mots inconvenants*, Éditions Le Pré aux Clercs, 1991.

Castelain-Meunier, C., *L'amour en moins: l'apprentissage sentimental*, Éditions Olivier Orban, 1991.

Cyrulmik, Boris, *Les nourritures affectives,* Éditions Odile Jacob, 2000.

Desjardins, A., *L'audace de vivre*, Éditions de la Table ronde, 1989.

Gibran, K., *Le prophète*, Éditions Casterman, 1972.

INED, rubrique intitulée « Les *données sociales* ».

Jarousse, N. et F.-X. Poudat, *Couple: attirance et réussite,* Éditions Ellébore, 1991.

Junod, H., *Petites annonces pour grand amour*, Éditions des Sables, 1991.

Laurent, A., *Histoire de l'individualisme,* PUF, (coll. Que sais-je?), 1993.

Lemaire, Jean-Gérard, *Le couple, sa vie, sa mort: la structuration du couple humain,* Éditions Payot, 1979.

Norwood, R., *Ces femmes qui aiment trop: la radioscopie des amours excessives,* Éditions de l'Homme, 1992.

Rilke, R. M., *Lettres à un jeune poète,* Éditions Grasset, 1984.

Table des matières

V 10/03

Achevé d'imprimer au Canada
en juillet 2003
sur les presses de l'Imprimerie Trancontinental inc.
Division Imprimerie Gagné